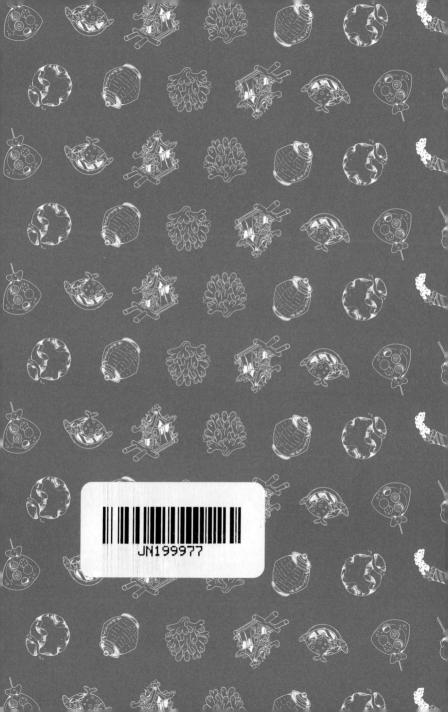

ぼくだってぼくを選びなおすことは、できるはずだ

歩道の上にきらきらと、陽《ひ》の光が反射していた。
ガラスの破片《はへん》、
いや手鏡の落とし物なのかもしれない。
早めに起きた朝の通学路。
視線の先、バス停近くの歩道に、
モールス信号みたいな規則的な光が、ぼくを呼んでいた。
近づいて拾い上げたそれは、一枚のカードだった。

どうにもへんなカードだった。
ガラスでも金属でもない、けれどひんやりとした手触り。
相変わらずきらきらと、朝の光を反射している。
いったい、なんに使うカードだろう。
ヒントらしきものは、なにもなかった。
ただそのまんなかに、おおきな星のマークだけが描《えが》かれていた。
乗り込《こ》んだバスに、同じクラスの生徒はいなかった。

大急ぎで後部座席を確保したぼくは、カードをじっと睨《にら》んだ。
これがガラスの破片や手鏡だったら、ぼくは拾わなかった。
正体不明のカードだから、ぼくは拾った。
わからないままでいるのは気持ちが悪いし、
なにかの使いみちがあってつくられたはずのカードなのだ。
どこかのだれかの手によって。

と、そのとき。一瞬《いっしゅん》だけ、なにかの文字が見えた。
正面からだと、星のマークしか見えない。
でも、ななめから覗《のぞ》き込むように見ると、なにか文字が浮《う》かぶ。
ぼくは、慎重《しんちょう》に角度を調整しながら、不思議な文字を読み取っていった。

この朝のことは、いまでも克明《こくめい》に憶《おぼ》えている。
中学三年の、十月だった。
文化祭も体育祭も終わり、残されたイベントは受験と卒業式だけだった。
クラスのみんなは、いつの間にか受験モードに突入《とつにゅう》していた。

けれどぼくは、志望校さえ決めきれていなかった。
高校なんか行きたくない、とまでは思わない。
ただ、行きたい高校があるわけでもなく、なんとなく受験のバスに乗り遅《おく》れていた。

みんな、どこに行こうとしているんだろう。
なにをそんなに急いでいるんだろう。
行った先に、なにがあるというんだろう。
声に出せないままぼくは、バスに乗り込むみんなのうしろ姿を眺《なが》めていた。
だれもぼくを振《ふ》り返ろうとはしなかった。

いまになって、ぼくは思う。
もし、あのカードを拾っていなかったら、ぼくはどうなっていただろう。
見なかったふりをして通り過ぎていたらどうなっていただろう。
でも、ぼくは拾った。そのままにしなかった。
そしてぼくの冒険《ぼうけん》ははじまった。
——星のカードに書かれていたのは、こんなことばだった。

「遠くへいってはいけないよ」。子どものきみは遊びにゆくとき、いつもそう言われた。いつもおなじその言葉だった。誰もがきみにそう言った。きみにそう言わなかったのは、きみだけだ。

バスは、ガタゴト揺《ゆ》れていた。
乗り合わせた女の子たちのたのしげな話し声が聞こえる。
もうすぐ、学校に到着《とうちゃく》するだろう。
冒険の扉《とびら》が開けられたことに、ぼくはまだ気づいていなかった。

『あのときかもしれない』長田弘（ハルキ文庫『深呼吸の必要』収録）

い夜の
をめくれ

さみしページ

目次

3章 ひとりの夜に扉は開く

章

られる
を探して

1

信じ
おとな

ぼくの乗るバスは、どこに向かっているんだろう

「うみ高なんか、いいんじゃないか？」

三者面談の途中《とちゅう》で、カニエ先生が言った。

底冷えする教室の、窓際《まどぎわ》の席。十月の暮れかけた陽が、正面に座《すわ》るカニエ先生の顔を赤々と照らしていた。窓の外からは、野球部の規則正しいかけ声が聞こえてくる。お母さんと先生が、模試の結果を見ながらなにか話していた。

「じゃあタコジロー。ここから三カ月、がんばろうな。うみ高は校風も悪くないし、きっとたのしいぞ」

どうやらぼくの第一志望は、うみのなか高校に決まったらしい。市立病院の裏にある、うちからいちばん近い高校だ。

こんな決めかたでいいのかと思う反面、自分ひとりではなに

も決められない気もする。ぼくは「がんばります」と言って席を立った。

帰りのバスでお母さんは、ひさしぶりに機嫌《きげん》がよかった。ようやく志望校が決まって、ようやくぼくがやる気を見せたように感じられて、うれしかったみたいだ。ぼくは運転手のアナウンスを聞きながら、ふと自分のこれまでとこれからを考えた。

うみのなか小学校発、うみのなか中学校経由、うみのなか高校行き。途中《とちゅう》下車も乗り換《か》えもない、定番コースの進路――。

ほんとにこのバスでよかったのかな。

きのう三者面談を済ませたイカリくんは、しおながれ高校を受けると言っていた。ずっと遠い都会の町にある、ぼくなんか逆立ちしたって入れない進学校だ。

イカリくんの乗るバスとぼくの乗ったバスは、行き先だけじゃない違《ちが》いがある気がした。かばんをまさぐって、この前拾った星のカードを手でなぞる。降りることのできないバスに乗ってしまった自分が、すこし怖《こわ》かった。

「おれさ、学校行くの、バカらしいと思うんだよね」

イカリくんが唐突《とうとつ》にそう言い出したのは今月の頭、学校帰りのバスだった。

「だってさあ」

すこしだけ早口になったイカリくんが続ける。

「おれ、国語はできるから勉強しなくてていいんだ。地理もちょっと得意かな。ただ、理科と数学が危なっかしいから、このふたつに集中したいんだよ。それなのに時間割どおりの授業受けるの、もったいないじゃん」

ぼくは黙《だま》ってうなずく。

「だったらいっそのこと学校休んで、自分の勉強に集中しようかと思っててさ。タコっちもあれだぜ？　学校で体育とか音楽とかの授業受けてるヒマがあったら、自分の勉強をがんばったほうがいいと思うぜ？」

「うん……」

イカリくんが言っていることは、そのとおりだと思う。イカリくんはほんとうに、自分の勉強に集中したいと思っている。でもイカリくんが学校を休むのは、それだけが理由じゃなかった。

九月の体育祭が終わると同時に、イカリくんはクラスの男子から無視されるようになった。だれかとケンカしたわけではなく、なにか悪いことをしたわけでもなく、ただぼくと——いじめられっ子のタコジローと——仲良くするようになったからだ。

体育祭の振替《ふりかえ》休日が明けた朝、イカリくんはいつものように「おはよーっす」とトビオくんに声をかけた。トビオくんは聞こえなかったふりをして、背中を向ける。イカリくんは不思議そうにもう一度、「どした?」と声をかける。トビオくんは背中を向けたまま、おええ、と吐《は》くまねをした。教室に、気まずい沈黙《ちんもく》が降りた。

事態を察したイカリくんは、感情を呑《の》み込むように深呼吸をして「へーえ」とつぶやくと、ぼくのほうへと歩いてきた。その背中に、トビオくんやサメジマく

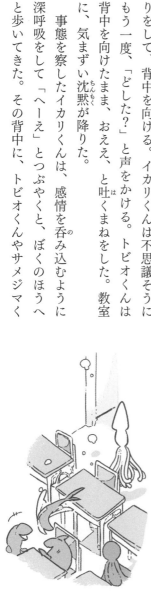

ん、アナゴウくんらの笑い声が降り注ぐ。「ああ、キモッ。吐くかと思った」。トビオくんがゲラゲラと笑っている。

そうしてイカリくんは、ぼく以外のみんなから無視されるようになった。だれもその流れには逆らえなかった。


けれど、イカリくんは強かった。

いや、イカリくんはイカリくんのままだった。

そこから何週間も、なんでもないような顔をしてぼくとしゃべっていた。あんなやつら、こっちから願い下げだよ、とでも言いたげな、せいせいした表情だった。たぶん先生たちも、イカリくんが無視されているなんてまったく気づかなかったと思う。そしてある日、とびきりゆかいなアイデアみたいにしてイカリくんは、学校なんか行く必要がない、と言いはじめた。

「な？　タコっち、お前も学校休んじゃえよ。おれんちで一緒《いっしょ》に勉強したっていいんだしさ。数学以外だったらおれ、教えられるぜ？」

「……う、うん。考えとく」

ぼくがあいまいに答えてバスを降りた翌週、イカリくんはお手本を示すように学校に来なくなった。

そしてぼくはヒトデの占《うらな》い師に出会った

部屋の窓を開けると遠くから、笛と太鼓《たいこ》の音が聞こえた。

くじらの大神さまを迎《むか》える、くじらまつりの日だ。

くじらパレードからくじら音頭《おんど》まで、町はこの日、くじら一色に染まる。

イカリくんは、勉強があるから行かないと言う。誘《さそ》ったぼくに対しても、あんな「子どものおまつり」に行ってないで、勉強したほうがいいと言う。まわりが遊んでいるあいだに勉強するのが受験生なんだと、教えてくれる。けれど、笛や太鼓の音にぼくは我慢《まん》できなかった。


——ぐるっと一周したら帰るんだ。そう言い聞かせてぼくは、バスターミナル広場に続く坂道を駆《か》け降りていった。

えびいろのあかりを灯《とも》した街燈《がいとう》が、まっすぐな坂道を照らしている。

ぼくはこの、暗くなりはじめた夕方の、まばらにあかりが灯る町並みがとても好きだ。音楽教室の看板、おもちゃ屋さんのショーウィンドウ、そしてだれかの家の台所。すこしだけ気の早い夜支度《じたく》が、暮れかけた町をやわらかに濁《にご》らせる。

進んだ先の大通りはバスも車も通行止めになっていて、そのぶん大勢の見物客でにぎわっていた。広場中央につくられたやぐらの前には、くじらの大神さまが鎮座《ちんざ》している。いつもはシロサンゴの社《やしろ》に保管されている、大切な大神さまのおみこしだ。もうすぐ町を練り歩くパレードもはじまるだろう。

それでもおまつりの主役は、ぜったいに屋台だ。

あまずっぱいアオサ飴《あめ》が並んだ屋台。その隣《となり》にあるこんぶせんべいの屋台からは、焼きたての香《こう》ばしい匂《にお》いが漂《ただよ》ってくる。「ジンベイマン」のお面をかぶった男の子もいれば、テングサのグミを大事そうにかじる女の子もいる。大神さまの向こうから聞こえる歓声《かんせい》は、きっとクラゲのトランポリンだ。

くじら
大明神

わくわくしながら射的の屋台へと泳ぎ出した瞬間、うしろから呼び止められた。

「おっ、タコジロー。お前も来てたんだ」

振り返ると、サングラス姿のトビオくんが立っていた。隣にはウツボリくんとフグモリくんもいて、どこかの屋台で買ったのか、みんな同じサングラスをかけている。

「きょうもイカリと一緒か？」

「いや、あいつは家から出なくなったもんな」

「バカ、出ないんじゃねえよ、出てこれないんだよ」

トビオくんとウツボリくんが、ひ、ひ、ひ、と下品な笑い声を上げる。

このふたりはいつの間にか、イカリくんのことを呼び捨てするようになっていた。

「きょうは……ぼくひとりだよ」

言いおわると同時に、トビオくんはサングラスを外して顔を近づけた。

「小遣《こづか》い、いくら持ってんの？」

「……も、持ってないよ。すぐ帰るし、ちょっと見に来ただけだし」

「おれたち、もうちょっと遊んでいきたいんだけどな」

トビオくんがぼくの腕《うで》を掴《つか》んだちょうどそのとき、アオサ飴の屋台あたりにだれかの視線を感じた。

「あっ……イシダイくん！」

小学生くらいの妹を連れたイシダイくんと、目が合った。兄《きょう》妹《だい》の隣にはイシダイくんのお父さんとお母さんらしきおとなもいて、ひそひそと話しながら、心配そうにこちらを見ている。

「イシダイぃ!?」

振り返ってイシダイくん親子を確認《かくにん》したトビオくんは、「マジかよ」とつぶやいて目を伏《ふ》せた。ウツボリくんとフグモリくんが、不安げにトビオくんの顔を見る。くそっ、と舌打ちをしたトビオくんが手で合図をすると、三人はそのまま広場のにぎわいに消えていった。

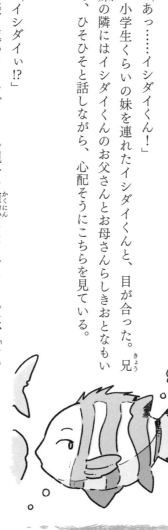

　心臓が、破裂《はれつ》しそうにどくどくと脈を打っていた。それなのに顔は、鏡を見なくてもわかるほど青ざめている。こんなふうに、マンガみたいなやりかたで脅《おど》されたのは、はじめてのことだった。

　視界の端《はし》にはまだ、イシダイくんの姿が映っている。お父さんもお母さんもそこから動かないまま、ぼくの様子をうかがっている。この春に転校してきたイシダイくんと、ぼくはしゃべったことがない。気まずかった。これ以上、こっちを見ないでほしかった。

　どうしよう、どこに行こう、どこに隠《かく》れよう。気づくとぼくは、屋台と屋台のあいだに伸《の》びる暗い路地へと飛び込んでいた。

　ぼくも学校、休んだほうがいいのかな。

　光のない路地を歩きながら、そう思った。

　イカリくんがいないとぼくは、アオサ飴ひとつ満足に買えやしない。

　振り返ると広場には、まぶしい光があり、にぎわいがあった。ぼくの前には暗がりだけが伸びている。この路地はどこに続くんだろう。ぼくはどこまで逃《に》げなきゃいけないんだろう。泣き出しそうになる自分を抑《おさ》えて、よぼよぼと歩いた。

光を踏《ふ》んだ。

影《かげ》のように伸《の》びる、光を踏んだ。

顔を上げると、まっ暗だった路地の先に、背の高い屋台がぼうっと輝《かがや》いていた。

屋台の看板には、おおきな文字で「うらない」と書いてある。そしてカウンターの上にはあやしげな水晶玉《すいしょうだま》が置かれ、その奥《おく》にピンク色のヒトデが目を閉じたまま座っていた。ヒトデのうしろ一面は本棚《ほんだな》になっていて、何百という本が並んでいる。寝《ね》ているヒトデを起こさないよう、ゆっくりと通り過ぎようとしたとき、つぶれた声でヒトデが語りかけた。

「さっ、そこに座りな」

「えっ？」

「いいから早く。占いに来たんだろ？」

「ぼくが？」

「アンタ以外のだれがいるってのさ。ほら、ぼやぼやしてると夜も更《ふ》けちまうよ」

なんて強引《ごういん》で、感じの悪い占い師だろう。同じ屋台でも、表の通りにいた威勢《いせい》のいいおじさんたちとはぜんぜん違う。

「占いなんてやらないよ。ぼく、たまたま通りかかっただけだよ」

ヒトデはため息をつくと、あきれたように首を振った。あかりに浮かび上がった顔が、ちょっと怖い。

「――まったく素直《すなお》じゃないねえ。たまたまこんな路地を通りかかる中学生なんて、どこにいるってんだい。それにほら、本のほうだって準備万端《ばんたん》じゃないか」

見ると、本棚に並ぶ本のうち一冊が、ぼんやり光を放っている。

「ちょ、ちょっと！　その本、なに？」

「この本棚から出たがってるのさ。アンタを占ってやろう、ってね」

「どういうこと？　や、やめてよ」

怖かった。まっ暗な路地も、へんなヒトデも、水晶玉や光る本も、みんな怖かった。それに、こんなところでぐずぐず

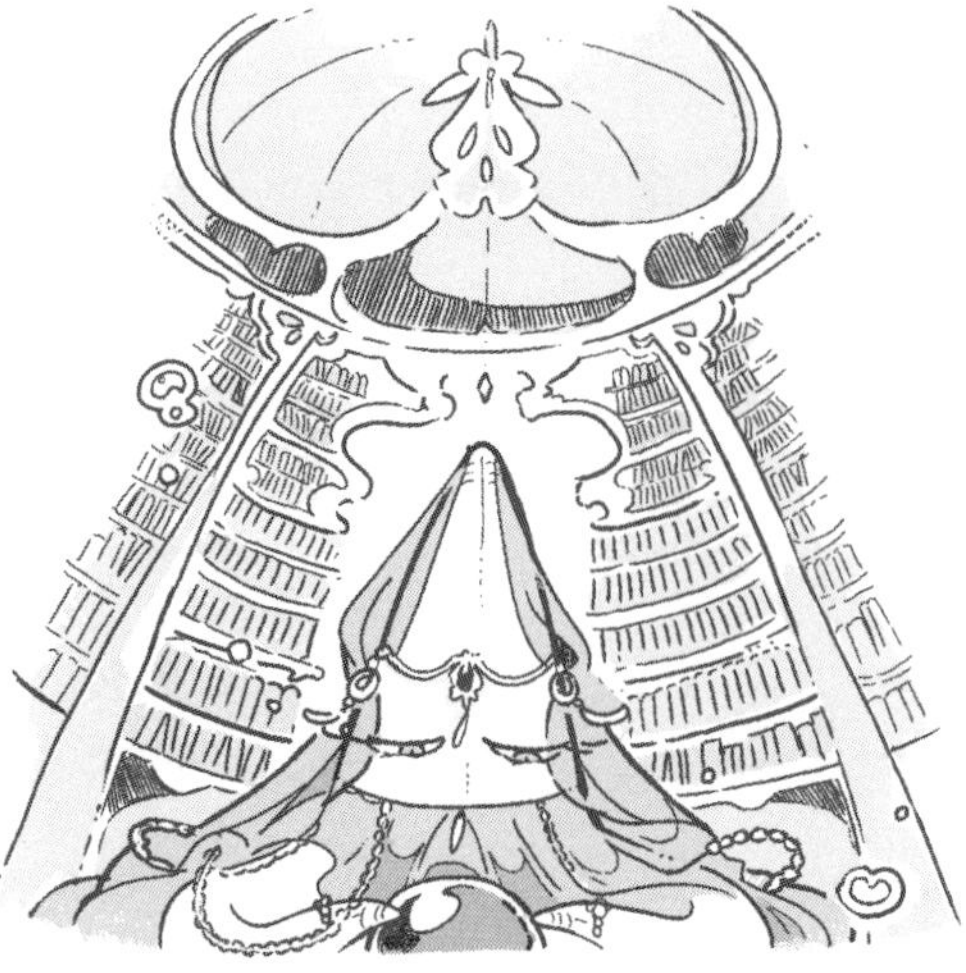

してたら、トビオくんたちに見つかってしまうかもしれない。さっさと逃げ出さなきゃいけないのに、足が動かなかった。

「さあて、どんな占いが出るんだろうね」

「いいってば！　占いなんて信じないよ。それにぼく、行かなきゃいけないんだ」

「違うね。アンタはきょう、この屋台を見つけた。つまり、アンタはきょう、占いを受ける運命だったのさ。ほかのだれでもない、アタシの占いをね」

そのままヒトデは水晶玉に手をかざすと、なにかの呪文《じゅもん》を唱えはじめた。

すると水晶玉がまぶしい光を放ち、本棚から一冊の本が宙に浮いた。さっきから光っていた、あの本だ。

「待って待って、なにこれ!?」

頭上に浮かんだ本は生きてるみたいにゆらゆら泳ぐと、ヒトデの手元へと降りていった。本を摑んで、いかにも適当にページを開いたヒトデは、そこに書かれた短いことばを読み上げた。


誓《ちか》ってもいいが、子どもの涙《なみだ》はおとなの涙よりちいさいなんてことはない。

おとなの涙よりも重いことだって、いくらでもある。


『飛ぶ教室』エーリヒ・ケストナー作／池田香代子訳（岩波少年文庫）

「えっ⁉　なに、なに、なにを言ってるの？」

「なにって、占いだよ」

「だからその占いがわかんないんだよ！　いまの、どういう意味？」

「アタシに聞いてもらっても困るね。アタシの仕事は、本が出してきたことばを読んであげるところまで。その意味を考えるのは、アンタの仕事だ」

「でも、考えるって言ったって……!!」

「そりゃ本のことばなんだから、ここだけ読んでもわからないさ。せめて前後の何ページかだけでも読んでみないとね。ほら、これはもうアンタの本だ。持っていきな」

そう言ってヒトデは、いま読み上げたばかりの本をぼくのほうへ投げてよこした。余熱のようにまだ、全体がぼわぼわと光を放っている。

「い、いや、ぼくこんなの買わないよ」

「だれがアンタみたいな子どもからお金を取るものか。それはアンタの本。いいから黙って持って帰るんだ」

言い終わると同時に、ストン、とあたりが暗くなった。どうやら看板の照明を落としてしまったらしい。そしてヒトデはゆっくり目を閉じると、そのまま電池が切れたみたいに動かなくなった。

「ねえ！　ヒトデさん！　ねえ!!」

光を失った屋台。岩のように固まったヒトデ。途方《とほう》に暮れてぼくは、受け取った本に目を落とした。なんなんだよ、これ。

どん、どん、どどん、どん――。

光の届かない路地に、くじらパレードのたのしげな太鼓がぼんやり響《ひび》いていた。

本から聞こえた作者の声

「あら、早かったのね。お母さんたち、もうごはん食べちゃった」

家に帰ると、テーブルの上にはラップのかけられた食器が置かれていた。

晩ごはんはひじきの炒《いた》めものと、きのうと同じわかめどんぶりみたいだ。

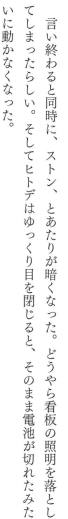

ぼくは「食べてきたからだいじょうぶ」と自分の部屋に向かうと、そのままベッドに寝そべってヒトデに手渡《てわた》された本をめくった。テングサのグミしか食べてなかったけど、おなかは空《す》かなかった。

それは、とてもへんな小説だった。

まず、物語がはじまる前に「まえがき」がある。

しかも「その一」と「その二」、ふたつのまえがきがある。

そして「その一」のなかで作者は、これから最高のクリスマスの物語を書くんだ、と息巻いている。

けれどいまの季節は夏。寒さを感じながら書こうと、作者はわざわざ寒い北のホテルに出かける。順調に書き進めたところで「その一」は終わる。

ところが「その二」のなか、物語の続きを書こうとした作者は、お気に入りの鉛筆《えんぴつ》をなくしたことに気づく。

「やれやれ、どうしよう？」

困った作者は、以前ある作家にもらった本を読むことにする。それは子ども向けに書かれた本だった。なにか、クリスマスの物語の参考になると思ったのかもしれない。

ぼくがおどろいたのは、ここからだ。読みはじめた作者はほどなく腹を立てて、その本を放り出してしまった。そこに、ウソばかりが書いてあったからだ。

子どもには悩《なや》みなんてない、子ども時代はきらきら輝いている、子どもたちはたのしいことばかりで幸せなんだ、みたいなウソで埋《う》めつくされていたからだ。

このうそつきの作家は、子ども時代はとびきり上等のケーキみたいなものだと言おうとしていたのだ。

どうしておとなは、自分の子どものころをすっかり忘《わす》れてしまい、子どもたちにはときには悲しいことやみじめなことだってあるということを、ある日とつぜん、まったく理解《りかい》できなくなってしまうのだろう。

そうして作者は、こっちを向く。直接ぼくたちに語りかける。あの、ヒトデが読み上げた「子どもの涙」と「おとなの涙」を語るくだりだ。その段落は、本から浮かび上がるようにして文字が光っていた。

誓《ちか》ってもいいが、子どもの涙《なみだ》はおとなの涙よりちいさいなんてことはない。おとなの涙よりも重いことだって、いくらでもある。誤解《ごかい》しないでくれ、みんな。なにも、むやみに泣《な》けばいいと言っているのではないんだ。ただ、正直であることがどんなにつらくても、正直であるべきだ、と思うのだ。骨《ほね》の髄《ずい》まで正直であるべきだ、と。

「誤解しないでくれ、みんな」
ぼくは、こんなふうに作者が自分のことばで、直接こちらに語りかけてくる本を、はじめて読んだ。ページの向こうにいる作者が、お気に入りの鉛筆を手に、原稿用紙に向かっている作者が、ぼくに向かって言っているように聞こえた。それがどんなにつらいことだったとしても、自分の心に正直であれ、と。

ただ、ごまかさないでほしい、そして、ごまかされないでほしいのだ。不運《ふうん》はしっかり目をひらいて見つめることを、学んでほしい。うまくいかないことがあっても、おたおたしないでほしい。しくじっても、しゅんとならないでほしい。へこたれないでくれ！　くじけない心をもってくれ！
ボクシングで言えば、ガードをかたくしなければならない。そして、パンチ

『飛ぶ教室』エーリヒ・ケストナー作／池田香代子訳（岩波少年文庫）

はもちこたえるものだってことを学ばなければならない。さもないと、人生がくらわす最初《さいしょ》の一撃《いちげき》で、グロッキーになってしまう。人生ときたら、まったくいやになるほどでっかいグローブをはめているからね！

――くじらまつりの会場で、トビオくんたちに絡《から》まれた情景が目に浮かんだ。ぼくの腕を摑んで、お小遣いをよこせと凄《すご》んできたトビオくんと、なにも言い返せないまま、おたおたしていた自分の姿が目に浮かんだ。

そしてことばは、こう続くのだった。

へこたれるな！　くじけない心をもて！　わかったかい？　出だしさえしのげば、もう勝負は半分こっちのものだ。なぜなら、一発おみまいされてもおちついていられれば、あのふたつの性質《せいしつ》、つまり勇気《ゆうき》とかしこさを発揮《はっき》できるからだ。ぼくがこれから言うことを、よくよく心にとめておいてほしい。かしこさをともなわない勇気は乱暴《らんぼう》でしかないし、勇気をともなわないかしこさは屁《へ》のようなものなんだよ！

『飛ぶ教室』エーリヒ・ケストナー作／池田香代子訳（岩波少年文庫）

ぞわぞわっと、なにかが走り抜《ぬ》けた。ぜったいに素通りしてはいけないような、ここで立ち止まらないと取り返しがつかなくなるような、そんな予感めいた寒気が、全身を駆け抜けた。

——本から聞こえることばの意味が、どれだけ理解できたのかはわからない。それでもぼくはヒトデにもらった本を、光を放つページを、何度も何度も読み返した。そしてこの本を読ませてくれたヒトデに感謝する気持ちと、むかむかする気持ちの両方がぐちゃぐちゃに、湧《わ》き上がってきた。

本はきみを待っている

次の朝、気がつくとぼくは学校行きのバス停を通り過ぎて、バスターミナルへと続く坂道を駆け降りていた。学校に行けば、トビオくんたちに絡まれる。それはぜったいに避《さ》けたかった。そしてぼくには、ヒトデに会って確かめておきたいことがあった。

「おやおや、こんな朝からどうしたんだい。学校の時間だろ？」

「あとで行く。それより、これ」

ぼくはきのうの本をかばんから取り出した。

「もう最後まで読んじまったのかい？」

「ううん。まだ『まえがき』だけ。それで聞きたかったんだけどさ、ヒトデさんはこの本、読んだことがあるんだよね？」

「もちろん読んでるさ——子どものころからもう、何度となくね。とてもいい本だよ」

「ふうん。やっぱりね」

「どうしたんだい？」

「別に。……おとなって、いやだなと思ってさ」

「なにがいやなのさ」

「だってヒトデさん、みじめに歩いてたぼくに『へこたれるな！　くじけない心をもて！』って言いたかったんでしょ？　なぐさめたり、励ましたりしたつもりなんで

しょ？　でもね、そんなふうに同情されるのって、まったくうれしくないんだよ。うれしいどころか、余計みじめになるだけなんだよ」

「へーえ。言われてみればきのうのアンタ、ずいぶんとひどい顔をして歩いてたねえ。この世の不幸をぜんぶ背負い込んでるみたいなさ」

「よ、余計なお世話だよ！」

「いいかい、安心しな。アタシはこの本を読ませてやろうとか、あのことばを教えてやろうとか、ましてやそれでアンタを元気づけてやろうとか、そんなおせっかいな気持ちは砂粒《すなつぶ》ほども持ち合わせちゃいない。アタシはただ本のことばで占ってるだけなんだからね」

「その占いが信じられないんだよ！」

「占いを信じなくてもけっこう。でも、この本のことばまでインチキ扱《あつか》いするつもりかい？　アンタが読んだのは、そんな軽々しいことばだったのかい？」


いや、そこは違う。

それだけは違った。

ヒトデは相変わらず口が悪いし、インチキくさかった。でも、この本の向こうで叫《さけ》んでいる作者は、なにもごまかしていなかった。ぼくの顔をまっすぐに見て、本気で叫んでいた。ほんとうの声が、聞こえてきた。

「きのうの本、まるで作者が目の前にいるみたいだっただろ？」

「うん……そんな感じだった、かも」

「本ってのはね――」

満足げにうなずいてヒトデは言った。

「ほんとうの読者が手に取ってくれるのを、じっと待っているんだ。自分のことばをほんとうに必要としてくれる、たったひとりの読者が現れることをね」

「本が、待っている？」

「ああ。ぎゅうぎゅう詰《づ》めの本棚に身体《からだ》を寄せ合って、辛抱《しんぼう》づよく、何年も、何十年も、なんなら何百年だって、待っているのさ。ほかのだれでもないアンタという読者に見つけてもらうことをね」

「そんなわけないよ、だって……」

ぼくのことばにかぶせるように、ヒトデは言う。

「ウソじゃないよ。だって、きのう読んだ文章、アンタの目には光って見えただろ？」

「いや、それはふつうに光ってたじゃん。どういう種類のインクを使っているのか知らないけどさ」

「アタシの目には、なんにも光っちゃいないよ。黒いインクで書かれただけの、ただの文章さ」

「あの光が見えないの⁉」

きのうの本は、間違いなく光っていた。たくさん並んだ文字のなか、何行かだけがぼわっと、光を放って見えた。ごまかさず、ごまかされないこと。正直であること。人生がときどきぶん殴《なぐ》ってくるでっかいグローブ、勇気とかしこさ。そのことばに触《ふ》れたときの感触《かんしょく》は、いまも憶えている。

「でもヒトデさん、きのうの本はどこが光ってるか、わかってたでしょ？　それで読み上げてくれたでしょ？」

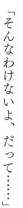

「そりゃあ、アタシは天才占い師だからね。水晶玉の光があれば、アンタの光も読むことができる。でも、水晶玉を使わなきゃ見えないし、どうしてそこが光っているのかなんて、まったくわからない。なぜってそのことばはアンタに向けて書かれたもので、アンタが読み解く以外にないんだからね」

ヒトデがぼくにぐっと顔を近づける。

「さあ、アンタはきのうのことば、どんなふうに読んだんだい？　読んで、なにを感じた？」

真剣《しんけん》だ、とぼくは思った。

実際には本をまるごと読まないと、ほんとうに言いたかったことまではわからないのだろう。でも、ページの向こうから聞こえてくる声の真剣さは本物だった。別にまじめなことを言っている、って意味じゃない。ほんとうにこれを伝えようと思って書いている。伝わると信じて、書いている。そんなふうに感じられた。

「……信じてもいいのかな、って思った」

「アタシの占いを？」

「ううん」

首を振ってぼくは、本から顔を上げた。

「こういうおとなもいるんだ、っていうことを」

信じられるおとなを探して

「なるほどね」

ぼくから本を受け取ってヒトデは、パラパラとページをめくった。

「――アンタのまわりに、『こういうおとな』はいないのかい？」

お父さん、お母さん、タコミおばさん。カニエ先生、クロハギ先生、アジノ先生。ぼくは身近にいるおとなたちの顔を思い浮かべた。

「……いない、と思う。ここまで真剣なおとなは、いないと思う」

「どうしていないんだろうね？　この本を書いたおじさんと、なにが違うんだい？」

いったいどこが違うんだろう。まず、お父さんもお母さんもカニエ先生も、好き嫌《きら》いはともかくみんなやさしいと思う。へんな怒《おこ》られかたをしたことはないし、なにかを押《お》しつけることもしない。だけど、どこか信用できない感じがあった。そしてその正体がなんなのか、ぼくはことばにすることができなかった。

と、そのとき——また別の一冊が光を放ちはじめた。本棚のいちばん上、左端に差された本だった。

「おやおや、もう次の本が出てきちまったね。ぐずぐずしてるアンタに代わって答えを言い当ててやろう、ってわけだ」

そう言ってヒトデは水晶玉に手をかざし、ゆっくり降りてきた本を手に取ると、おぼろげに光るページを読み上げた。

「なぜ生まれてきたのか」「なんのために生きているのか」という問いは、確かに子供っぽい悩みかもしれません。でも僕はそれを解消できませんでした。誰も納得いく形で答えを提示してくれませんでした。そういう問いに対して、大人が全力で考え、正面から答えを出そうとしているものが、僕はやっぱり好き

『夜を乗り越える』又吉直樹（小学館よしもと新書）

なのです。

「なるほど、これは大事な話だ」

ヒトデはまじめな顔をして言った。

「――アンタも一度は考えたことがあるんじゃないかい？　どうして自分は生まれてきたんだろう、なんのために生きているんだろう、って。ひょっとしたらいまでも、たまに考えるかもしれないね」

「う、うん」

そうだ。ぼくはいまでもよく考える。どうしてぼくはタコなんかに生まれちゃったんだろう、なんでゆでダコジローとか言われなきゃいけないんだろう、って。

「でも、まわりのおとなたちはなにも答えちゃくれない。納得《なっとく》のいく答えを、与《あた》えちゃくれない。どうしてだと思う？」

「おとなでもわからないことだから？」

「そうだね。みんなわからないし、考えることにフタをしちゃってるんだ」

「なんで？」

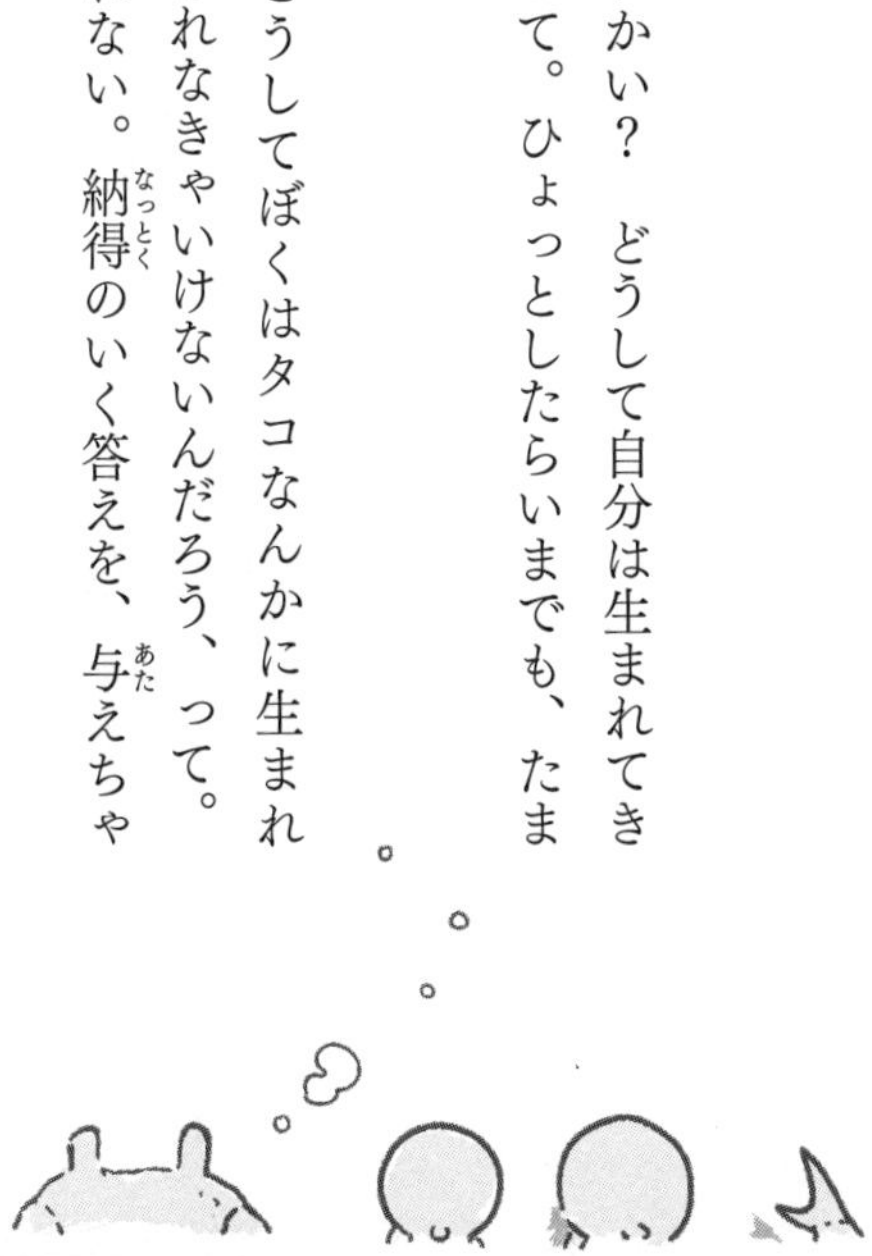

「考えないほうが生きやすいと、知っちまったからさ。人生ってやつは、猛《もう》スピードでアタシたちの背中を追いかけ、追い立ててくる。急げ、走れ、前に進めってね。答えがあるのかないのかわからない問いに頭を悩ませているヒマがあったら、目の前の面倒《めんどう》ごとを片づけなきゃいけない。アタシたちに与えられた時間は、有限なんだ」

「……それはそうかもしれないけど、なんかそれ、ちょっとずるい気がする。いちばん大事なことをほったらかしにするなんて」

「たしかにずるい。信用ならないウソつきだ。いまの本の同じページには、こんなことばも書いてある」

ヒトデは、手にしていた本を読み上げた。ちらりと見えたそのタイトルは『夜を乗り越える』。いったいなんの本なんだろう。


大人が若者に偉そうに言います。「お前の悩んでいることは大人になったらどうでもいいことだったとわかる」と。どうでもいいことに気づくことを成長みたいに言わないで欲しいと、僕は思います。

『夜を乗り越える』又吉直樹（小学館よしもと新書）

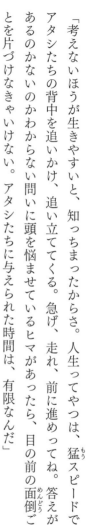

「そうだよ！　まったくそうだよ！　だからぼく、おとなが信じられないんだ」

「もしもアンタがまわりのおとなを信じられないって言うのなら、それは世のなか全体を信じられないのと同じことだ」

「えっ？」

「なぜってアンタの住む世界は、そういうおとなたちが動かしているんだからね。そしてアンタもいつかはおとなになる。人生に背中を追われるアンタがどういうおとなになるか。それは、だれにもわからない」

唐突に、なんの前触れもなく、三者面談で交《か》わされた会話が頭をよぎった。お母さんも、カニエ先生も、いちばん大事なことに触れないまま、話を進めていた気がする。なんだろう、なぜいまごろ、あの面談を思い出すんだろう。


「――さて、ここで本の登場だ」

ヒトデは身を乗り出すと、ニヤッと笑った。

「どういうわけだか本のなかのおとなたちは違う。生きる理由とか、生まれてきた意味とか、ほかのおとなたちが見て見ぬふりをしている問題を真剣に考えて、なんとかことばにしようと、もがいている」

「どうして本のなかのおとなは違うの？」

「アンタ、さっき『真剣』って言ったね？」

「うん」

「それじゃあアンタは、なにかを真剣に書いたことはあるかい？」

ぼくは、体育祭のはじまる前から書きはじめた、日記のことを思い出した。ヤドカリのおじさんに教えてもらった、自分と対話するための日記。真剣ってことばが合っているかどうかはわからないけれど、あれから三カ月近く、書き続けている。

「日記なら、書いてるよ。まだ三カ月くらいで、真剣って言えるほどじゃないのかもしれないけど」

「へええ、いいじゃないか。だったらアンタにも、本を書く気持ちはわかるだろ？」

「いやいや、わかんないし、日記と本はぜんぜん違うよ！」

あわててぼくは首を振った。

「だってぼく、一日一ページの日記を書くだけでも精いっぱいで、何度もくじけそうになっているんだよ？　だけど本って何百ページもあるわけでしょ？　そんなの書くなんて、想像しただけで頭がどうにかなっちゃうよ！」

自分に宛《あ》てられた手紙を読むように

ヒトデは満足げに目を光らせると、うしろの本棚を振り返った。

「これはアタシの意見だけどね、こういう本の作者たちはきっと、本を書いているわけじゃないんだよ」

「どういうこと？」

「きのう渡した本、そしてさっき読んだ本、それぞれの作者たちが書いたのは、アンタに宛てた手紙だったのさ」

「ぼくに宛てた手紙？」

「そうさ。この作者たちは、アンタみたいな子に読んでほしくて、これを書いたんだ。世のなかに何万、何十万、何百万といるはずのアンタみたいな子に宛てて、まるで手紙を書くようにね。そしてその手紙は、本というかたちでいま、アンタに届いた」

ぼくは、顔も名前も知らない作者が、机に向かう姿を思い浮かべた。その作者はせっせと手紙を書いている。何枚、何十枚、何百枚と、一心不乱に書き続けている。どうしてこんなに書くんだろう？　書いて、なにをしようとしているんだろう？

「信じられるおとなが身近にいない。それは心底さみしいことだ。なにもかもいやになって投げ出したくなるくらい、さみしいことだ。でも、本の向こうには信じられるおとながいる。考えることにフタをせず、自分をごまかすことをしなかった、真剣なおとなたちがいる。それって、すごいことだと思わないかい？」

「うん……すごいと、思う」

「だったらちゃんと受け止めてあげよう。その作者は、アンタを信じて書いているんだからね」

「ぼくを、信じて？」

「ああ。きっと届く、きっと読んでくれる、きっとわかってくれる、と信じているからこそ作者は書いて、本に残すのさ」

ぼくは目を閉じる。手紙を書き終えた作者が、何百枚という便箋《びんせん》の束をおおきな封筒《ふうとう》に入れた。宛名に「タコジローくんへ」と書いた。封筒を、ポストに投函《とうかん》した。そしていま、ぼくの手元に一冊の本がやってきた。『夜を乗り越《こ》える』――。

「……こ、この本も？」

「ああ。もしもアンタが本は嫌いだとか読むのは苦手だとか思っているとしたら、それは大間違いだ。アンタはこれまで、『自分に宛てられた手紙』に出会っていなかっただけなのさ。なにしろ世界の本棚には、数えきれないほどの本が眠《ねむ》っているからね」

「じゃ、じゃあさ」

興奮してぼくは言った。

「どうやったら、その『自分に宛てられた手紙』みたいな本を見つけられるの？」

「そりゃいちばんは、アタシの占いを受けることさ」

ヒトデは冗談《じょうだん》めかして笑った。

「――ま、それはともかく、いちばん正しくて、いちばん退屈《たいくつ》な答えを言うなら『手当たり次第《しだい》に、片っ端から読め』だ」

「それはそうなんだろうけど……」

「片っ端から読んでいくなかで、不意に運命の一冊と出会う。自分のために書かれたとしか思えない本に出会う。『この気持ちがわかるのは自分だけだ！』って感激するような本にね。その快感といったら、それはそれはすごいものさ」

「でも、そんなの運まかせだよね？　だって、いつ当たるかわからないくじを引き続けるみたいなことでしょ？」

「そうだ、運まかせだ。そこで本には『選びかたのコツ』があるし、『読みかたのコツ』がある。これもほんとうは片っ端から本を読んで、たくさんの失敗をして、それでようやく身についていくものなんだけどね。小説を読むときのコツ、そうじゃない本を読むときのコツ、いろいろとあるよ」

「どんな読みかた？　どうやって選んでいくの？」

「残念ながらそれは、まだ教えることはできないんだ」

「えーっ。なんでー？」

「本と仲良くなっていくにはね、『わからない』って経験も大切なのさ」

「わからないって経験？」

「まあ、これは実際に経験してもらうのがいちばんだろうね」

ヒトデはにやりと笑って、水晶玉に手をかざした。

「ふふふ、アタシが見たところ、アンタは心の奥底でずっとなにかに怒ってる」

「怒ってる⁉　ぼくが？」

「ああ。自分でもことばにできない不満が、渦巻《うずま》いている。その怒《いか》りの正体がなんなのか、占うことにしよう」

ぼくが怒ってるだって？　そんなの、考えたこともなかった。それどころかぼくは、いつもビクビクして逃げまわってばかりだ。

するとヒトデはまたいつもの呪文を唱えはじめた。水晶玉がめらめらと光を放ち、本棚のなかから一冊が浮かび上がる。ちいさくて、薄《うす》っぺらい文庫だ。ヒトデは本を手に取ると、さっそく光るページを開いた。

「へえ。こりゃちょっとした変化球だ。『わからない』を経験するには、もってこいのことばだね。ゆっくりと読むから、よく聞いておくんだよ」

そう言ってヒトデは、これまでよりもすこしだけていねいに読んでいった。

神々がシーシュポスに課した刑罰は、休みなく岩をころがして、ある山の頂まで運び上げるというものであったが、ひとたび山頂にまで達すると、岩はそれ自体の重さでいつもころがり落ちてしまうのであった。

「……シ、シーシュポス？」

「これは地獄《じごく》に落とされた男の話だ。このシーシュポスって男は、なにか悪いことをした。神さまたちを怒らせてしまった。それで地獄に落とされて、つらい刑罰《けいばつ》を言い渡された。そういう場面だね」

「どうしてこれがぼくに関係あるの？　ぼく、地獄に落ちるような悪いことした？　なんのことだかぜんぜんわかんないよ」

「ま、シーシュポスはおおきな岩を転がして、それを山のてっぺんまで運ばなきゃいけないわけだ。ところが、山のてっぺんに到着した途端《とたん》、岩はごろごろ転がり落ちていく。それで仕方がない、山のふもとまで降りていって、またせっせと岩を運び上げる。運び上げては、転がり落ちる。転がり落ちては、運び上げる。きっとそれは永遠に続いていくんだ。死ぬことさえもできない地獄のなかで、何度も何度もね」

『シーシュポスの神話』カミュ作／清水徹訳（新潮文庫）

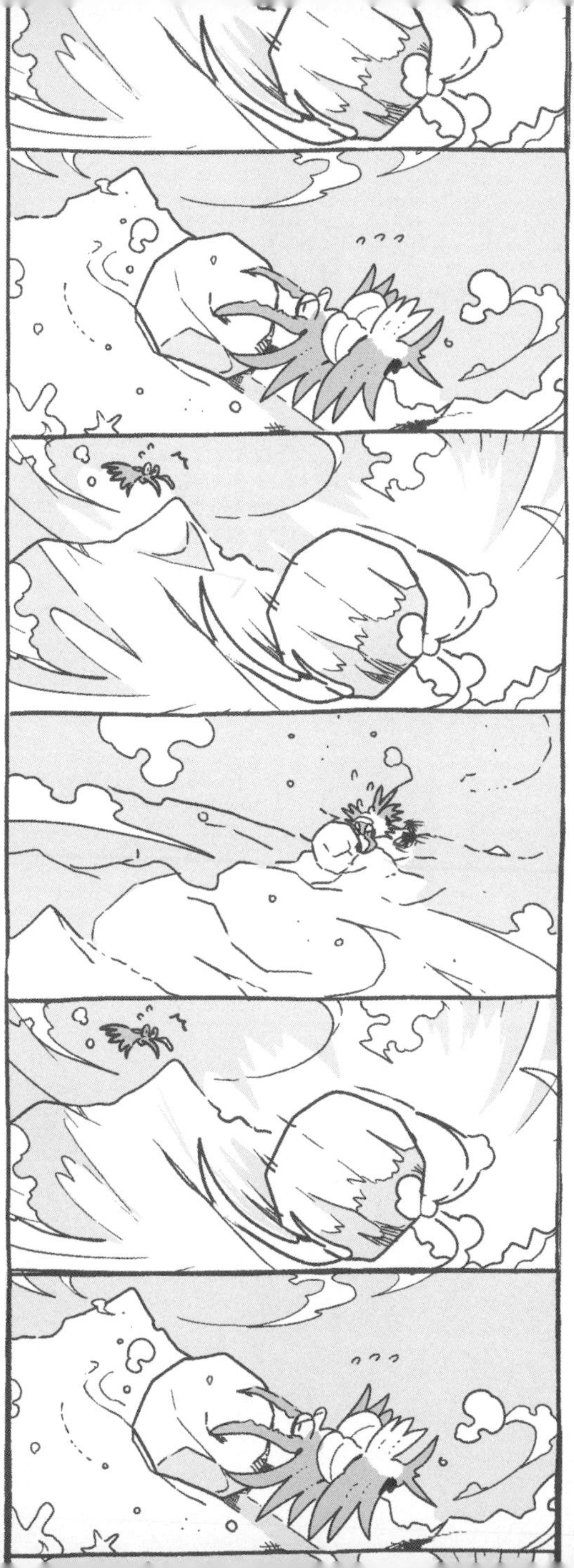

「う、うん。でも、それとぼくとはなんの関係も……」

「だから言ったろ？　『わからない』の経験だって。だけど安心しな。わかるときは、ちゃんと来る。アンタの怒りや不満、そして違和感《いわかん》は、ちゃんとここに描かれている。アタシの占いに間違いはないんだからね。さっ、もうけっこうな時間だ。この本を持って、さっさと学校に行ってきな。こういう謎《なぞ》ってのは、ふとした拍子《ひょうし》に気づいたりするものだからさ」

ぼくはシェルフォンを取り出して時間を確かめた。まだ三時間目には間に合う時間だ。

シーシュポスと『夜を乗り越える』を握《にぎ》りしめて、ヒトデの屋台を後にした。

「それからタコちゃん」

ヒトデは最後、ぼくの背中に声をかけた。

「間違っても自分のこと、みじめだなんて言うもんじゃないよ」

路地を抜けると、まぶしい大通りが広がっていた。行き交う車やバスの騒々しさに、ヒトデと過ごした時間が夢のなかの出来事みたいに感じられる。
ターミナルまでふらふら歩いていく途中、歩道に光るものを見つけた。
なぜだろう。道を急ぐおとなたちは、こんなにまぶしいきらきらに目を向けようともしない。ぼくは吸い寄せられるように近づいていった。
周囲をうかがいながら屈《かが》み込むと、思ったとおりこの前と同じ、星のカードだった。違ったのはただ、そこに書かれたことばだけだ。

「遠く」というのは、きみには魔法のかかった言葉のようなものだった。きみにはいってはいけないところがあり、それが、「遠く」とよばれるところなのだ。そこへいってはならない。そう言われれば言われるほど、きみは「遠く」というところへ一どゆきたくてたまらなくなった。

拾い上げてぼくは、この前のカードをかばんから取り出した。
どちらのカードも、「遠く」に行く話をしていた。そしてどうやら、いま拾ったカー

『あのときかもしれない』長田弘（ハルキ文庫『深呼吸の必要』収録）

ドはこの前の続きみたいだった。ぼくは「遠く」へ、行きたいのだろうか。

不意に上空をおおきな、とてもおおきくて長い影が、猛スピードで通り過ぎていった。あまりの速さだったので、時間にすればせいぜい三秒くらいだったと思う。大通りの車やバスも、歩道のおとなたちも、なにごともなかったかのように先を急いでいる。立ち止まって上空を見上げたのは、ぼくだけだった。

もしかするとこのとき、ぼくの意識はもう、「遠く」へと漕《こ》ぎ出していたのかもしれない。

章

たちは
る自分を
でいる

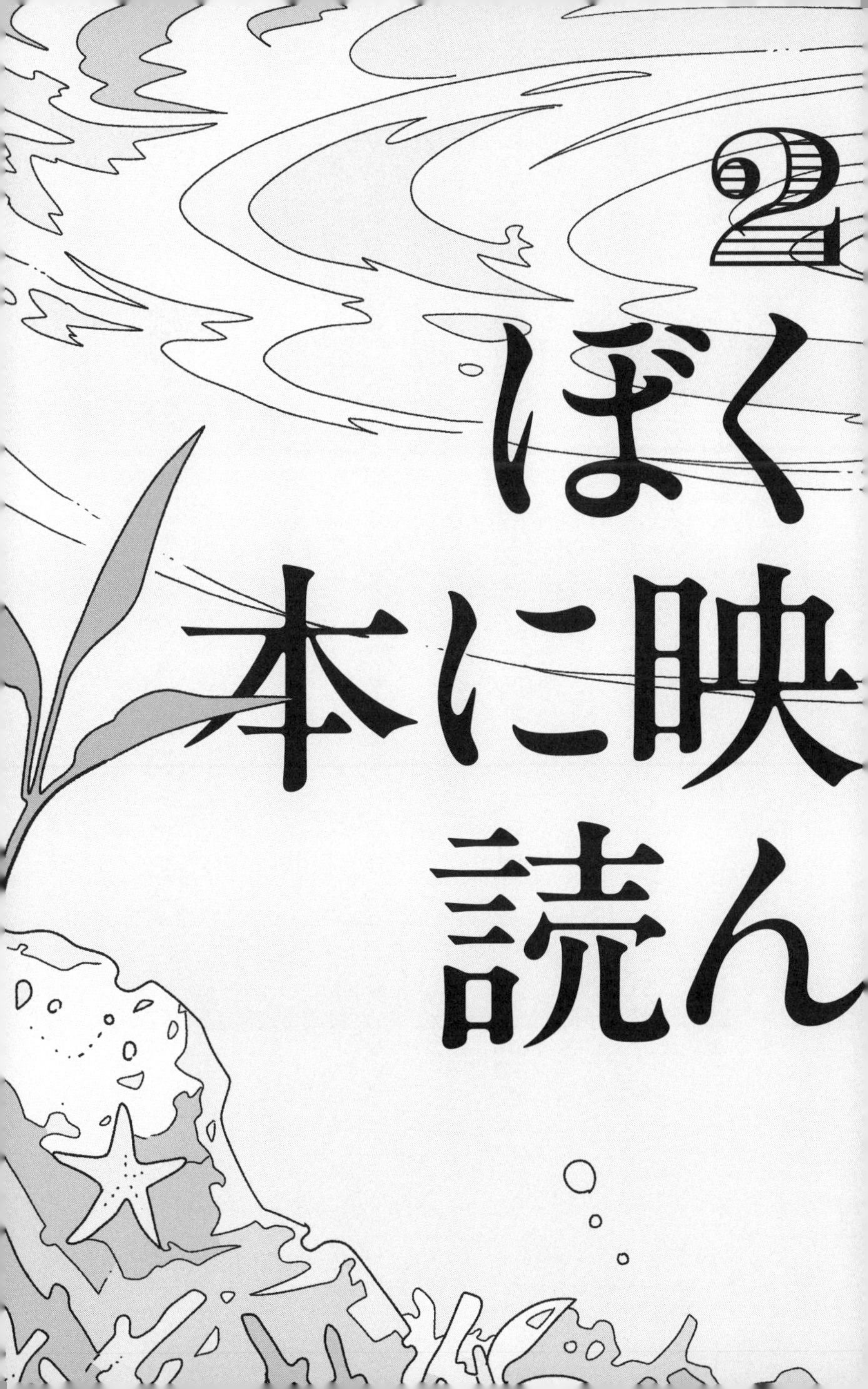

2

ぼく
本に映
読ん

言えるはずのない、なぐさめのことば

ヒトデの屋台に寄り道したせいで、学校に着いたのは二時間目のあとだった。なるべく静かに教室の扉を開けると、運悪くトビオくんと目が合った。けれどトビオくんはとくに表情を変えることもなく、そのままサメジマくんたちと冗談を言って笑い合っている。きのうのことはもういいのかな。そう安心して席についた。

ところが給食の時間、トビオくんはわざとらしく「おおっと」とイシダイくんの机にぶつかって、イシダイくんのシチューが入った器《うつわ》を床に落とした。

「ああ、悪ぃ、悪ぃ」

するとうしろのほうからサメジマくんが、おおきな声でトビオくんに言った。

「トビオー、ちゃんと謝《あやま》っとかないと、パパとママに言いつけられるぞぉ」

まわりの男子がゲラゲラ笑う。きのうの、くじらまつりのことを言ってるんだ。イシダイくんは灰色に顔を染めたまま、黙ってシチューの器を拾い上げた。

「ごめんな、イシダイ。お前、パパとママがいれば強いもんな。おぉー、怖っ」

トビオくんが歯をむき出しにして、その場を去っていく。フグイさんは、心配そうにイシダイくんの顔を覗き込んだあと、トビオくんを軽蔑《けいべつ》しきった目で睨んだ。サメジマくんたちと並んだトビオくんは、その軽蔑さえもたのしむように、へらへらあごを突《つ》き出している。

よほどくやしかったんだろうな、とぼくは思った。

くじらまつりで邪魔《じゃま》をされたことが、そしておとなの目を気にして逃げてしまった自分たちが、よっぽどくやしく、恥《は》ずかしかったんだろう。ぼくはそういうトビオくんのことを、とても子どもだと思う。

そして昼休みが終わり、帰りのホームルームがはじまるころにはもう、クラスの流れが確定した。

次のターゲットは、イシダイくんだ。

トビオくんたちが飽《あ》きてしまうまで、もしかしたら卒業式の当日まで、イシダイくんはいろいろと絡まれる。イカリくんは学校に来ないし、ぼくをいじめるのも飽きてきたようだし、転校生で影の薄かったイシダイくんが標的になったのだ。

教室から出ようとするイシダイくんを、トビオくんが通せんぼする。イシダイくんは首をすくめながら、聞こえない声でトビオくんに謝っている。


突然にぼくは、気がついた。

あれは、ぼくだ。

あそこにはずっと、ぼくがいたんだ。

あのみじめな場所にはずっと、タコジローというおもちゃが置かれていた。けれど、いつしか電池が切れ、なんの反応もしなくなった。そしてきょう、イシダイくんというあたらしいおもちゃが運ばれてきた。おもしろい反応をする、どれだけ乱暴に扱ってもかまわない、使い捨てのおもちゃが。

教室の男子はだれひとり、トビオくんのほうを見ようとしない。下手に目を合わせたりしたら、自分がおもちゃにされるかもしれないのだ。

へこたれるな！　くじけない心をもて！

そんな無責任なこと、言えるわけないよ。ぼくは机に顔を伏せた。これがイカリくんだったら違うのだろう。当たり前のようにイシダイくんを助けるのだろう。でもぼくはイカリくんじゃなかった。イカリくんに、なれなかった。なにも見たくなかったし、なにも聞きたくなかった。そこから何日も、目と耳を閉じて過ごした。シーシュポスのことなんて、完全に忘れていた。

与えられるのを、待ってはいけない

「……それでアタシのところに来たってわけかい？」

ヒトデの占い師は、あきれたようにため息をついた。イシダイくんを見ているのもつらくて、けれどトビオくんたちに立ち向かう勇気も持てなくて、イカリくんに相談したら「助けに行けよ」と叱《しか》られそうで、けっきょくヒトデを訪ねたのだった。

「まったくしょうがないねえ、アンタは。どうしてほしいんだい」

「ぼくは、ぼくは……」

「なんだい、『アンタがなにもできないのは当たり前だよ、アンタはなにも悪くないよ』とでも言ってほしかったのかい？」

喉《のど》の奥に、苦いかたまりがせり上がってくる。自分でも、どうしてここに来たのかわからなかった。

「占って……くれないかな」

「なにを？」

「ぼくがどうしたらいいのかを」

「もう答えは出てるんだろ？」

「えっ？」

ヒトデは、もう一度ため息をついた。

「とっくに答えを出してるのに、自分の答えに自信が持てないでいる。自分ひとりで決めるのが怖くって、自分じゃないだれかに決めてもらおうとしている。違うかい？」

「い、いや、別に……」

「ま、ほとんどの相談ってのはそういうものさ。みんな答えがわからないんじゃなくて、自分の答えに自信を持てないから、相談をするんだ。……まったく、人生相談は占い師の仕事じゃないんだけどね」

そう言ってヒトデは、いかにも気怠《けだる》そうに水晶玉に手をかざし、呪文を唱えてあたらしい本を呼び寄せた。「ふんふん、なるほどね」。ヒトデは開いたページを一読して、ひとりで納得している。

「シンプルすぎるほどシンプルなことばだ。よく聞きな」


ああ、愛だってよろこびだって、あたたかさだってたのしみだって、ぼくが提供するんでなければ、誰もこっちに与えてくれはしない。


「ぼくが提供するのでなければ……?」

「そうさ。これまでアンタは困ったとき、やさしいだれかが与えてくれるのを、じっと

『若きウェルテルの悩み』ゲーテ作/高橋義孝訳(新潮文庫)

待っていた。『悲しい』『さみしい』『つまらない』と訴《うった》えるばかりでね。子どものうちはそれでもいいさ。でも、もうわかってるだろ？　それだけじゃダメなんだって」

なにも言えずぼくは、下を向く。

「アンタがなにかの行動を起こす。イシダイのお兄ちゃんを助けようとする。でもそれは、イシダイのお兄ちゃんを助けるためじゃない。この苦しい毎日からアンタ自身を救い出すため、アンタは立ち上がるんだ。アンタが自分から行動を起こさないことには、ずっとこのままなんだからね」

するとくらがりのなか、かばんの中身がぼうっと光を放った。かばんに入っているのは、ヒトデに渡された三冊の本だ。

「もしかして、あのことばって……」

突然に、ぼくは気づいた。

「へこたれるな、くじけない心をもて――。それはイシダイのお兄ちゃんに贈《おく》る、励《はげ》ましのことばじゃない。アンタがアンタ自身に、語りかけなきゃいけないことばなのさ。これから自分が一歩を踏み出すためにね」

ヒトデはやさしく微笑《ほほえ》むと、ぼくに本を差し出した。

「行っておいで。アンタの答えは間違っちゃいないよ」

図書室にいると、本がぼくたちを守ってくれる

次の日、給食が終わるとイシダイくんは、すうっと教室を出ていった。声をかけるチャンスをうかがっていたぼくは、目立たないよう、気づかれないよう、かばんを片手にあとをつけた。なにがあっても見つかっちゃいけない。イシダイくんに見つからないのはもちろん、トビオくんたちにはぜったいに。まるで尾行《びこう》する探偵《たんてい》になったみたいな気持ちだった。

するする渡り廊下《ろうか》を通ったイシダイくんは、隣の校舎にある図書室に入っていく。どうやら昼休みは、いつもここにいるらしい。

うちの中学の図書室は、センスがいい。

これは国語のクロハギ先生が言っていたことだ。図書室のセンスがどういうものかはわからないけれど、いい本がちゃんと

揃《そろ》っている、ということだろう。言われてみるとうちの図書室は、教室六つぶんくらいの広さがあって、何年かけても読めないくらいの本が並んでいる。そして貸出カウンターの横には、「うみのなか図書新聞」という新聞がどっさり置かれていた。ぼくはこんな新聞が出ていることさえ知らないくらい、図書室と縁《えん》遠かった。

十人掛《が》けのおおきなテーブルの片隅《かたすみ》に、イシダイくんの姿を見つけた。ほかの三年生と違って、イシダイくんはノートも教科書も持ち込んでいない。そっと距離《きょり》を縮めると、なにかの本を読んでいる。ぼくはすこし迷ったあと、イシダイくんのふたつ隣に腰《こし》を下ろした。沈黙のようで沈黙でない静寂《せいじゃく》のなか、ペンを走らせる音と、ページをめくる音、そして緊張《きんちょう》するぼくの心臓の音だけが耳に響いていた。

五分とがまんできず、ぼくは席を立ってイシダイくんに声をかけた。

「……いま、だいじょうぶ?」

「え？」

イシダイくんは声に出さない声で、ぼくを見上げる。

「いきなりごめんね。ちょっと、これ……読んでくれないかな。ぼく、すこし前から日記を書いてて、それで……ここが、きのう書いたページなんだけどさ」

ヒトデと別れて家に帰ったあと、ぼくはごはんも食べずに日記を書いた。

この数日、イシダイくんが標的になったこと。イカリくんだったらきっと、すぐに助けたこと。それでもぼくは、ずっと逃げていたこと。おまつりの日のお札さえ、まだ言えていないこと。ヒトデのところに行って、言われたこと。占いで出してもらった、本のことば——。それぞれを、なるべくゆっくりと、スローモーションのことばでぼくは書いていった。書けば書くほど、自分の気持ちが見えてきた。そしてもう、この日記ごとイシダイくんに見せるしかない、と思った（その決意まで書いたところで、きのうの日記は終わっていた）。

トビオくんたちが仕組んだ、手の込んだいたずらだとでも思ったのかもしれない。周囲を見回したイシダイくんは、おそるおそる日記帳を手に取ると、目で追いはじめた。そして半ページほど過ぎたあたりで一度、ぼくの顔を見上げた。ぼくはどう答えたらいいのかわからないまま、黙ってうなずいた。まだ先はある。ざっと三ページにわたる、長い日記だ。

「読んだ……」

最後まで読み終えたイシダイくんは、静かに日記帳を閉じて黙り込んだ。

ぼくの日記をどう思ったのだろう。怒ってるかな。いやだったかな。こんなの読ませるんじゃなくって、直接謝ったほうがよかったかな。気まずい沈黙が流れる。

「……ぼくはだいじょうぶだよ」

イシダイくんはぽつりと、そうつぶやいた。

「えっ？」

「ぼく、こういうの慣《な》れてるし、トビオくんたちのこと、ぜんぜん気にしてないから。……ごめんね、せっかくお礼を言ってくれてるのに、こんな感想で」

イシダイくんとぼくのあいだに、冷たい潮が流れた気がした。それくらい、ぼくの手が届かないくらい、イシダイくんはひとりぼっちに見えた。

「日記、読ませてくれてありがとう。タコジローくんの気持ちはよくわかったし、うれしかった。やさしいんだね、タコジローくんは」

そう言ってイシダイくんが読みかけの本に戻《もど》ろうとした瞬間、ぼくは「ねえ、イシダイくん!」とおおきな声で言った。

「これからぼくも昼休み、ここに来ていい? イカリくんが休むようになってから、ぼくずっとひとりだったんだ。それで、もしもイシダイくんがよかったら――」

イシダイくんは一瞬おどろいた表情を見せたあと、「うん」とうなずいた。そして冷静さを取り戻したように続ける。

「ぼく、転校するたびにいろんな学校の図書室を見てきたけど、ここはすごくいい図書室だと思う。テーブルも広くつくってあるし、先生の見まわりも少ないし、みんな静かにしてて、トビオくんたちみたいな子も来ないし」

「昼休み、ずっと図書室に来てたの?」

「うん。好きなんだ、図書室。こうやって本棚に囲まれているとさ、たくさんの本に守ってもらってるような気がするんだよね」

聞きながらぼくは、行く先々の学校で図書室に避難《ひなん》するイシダイくんの姿を思い浮かべた。ぼくよりもひとりだったかもしれないイシダイくんと、もっと仲良くなりたいと思った。イカリくんみたいな「ぼくを守ってくれる友だち」じゃない、お互《たが》いを支え合うような友だちに、なれるかもしれないと思った。

さみしさは分かち合うことができない

「イシダイくんって、何回くらい転校してきたの？」

「小学校で四回、中学校はこれが二校目。小学校に上がる前も、ほとんど毎年みたいに引越《ひっこ》してきたよ」

「そんなに!?　なんで？　なんでそんなに引越するの？」

「お父さんが転勤の多い仕事だからしょうがないんだ。だから幼馴《おさなな》染《じ》みもいないし、地元みたいな場所もないし、たぶん来年とか再来年とかにもまた、転校することになるんじゃないかな」

ぼくはすこし残念な気持ちになった。いまからイシダイくんと友だちになっても、イシダイくんはまたどこかに引越していくんだ。

「だからぼく、あきらめちゃったんだよね。前の学校を引越すことになったとき、せっかく積み上げてきたゲームの履歴《りれき》が、ぜんぶリセットされたみたいな気持ちになってさ。それでこの中学に転校し

てきたとき、もういいや、って思っちゃったんだ。友だちなんてもういらない、みたいな。だって、仲良くなればなるほど、引越すときに悲しい思いをするんだし」

「――前の学校、好きだったんだ」

「うん。はじめて転校生じゃなく、入学式からスタートできたからね。おかげで友だちもたくさんいたし、テニス部では副キャプテンだった。二年生のときには学級委員もやってたよ」

「ほんとに!?　じゃあどうしてうちのテニス部に入らなかったの？」

「だから、あきらめたんだよ」

「テニスを？」

「ううん。転校生ってさ、最初は間違いなく、いじめられるんだ。都会の学校に行けば『田舎者《いなか》』って笑われるし、田舎の学校に来れば『生意気だ』『カッコつけるな』とか言われるし。それでみんなと仲良くなるのに、一年くらいはかかっちゃうんだ」

「そんなに？」

「みんなが受け入れてくれるまでに三カ月、地元の話題についていけるようになるまでに半年、そして『よそもの感』が抜けきるまでに一年。だいたい、クラス替えがきっかけで『よそもの』じゃなくなる感じかな。でもさ、ぼくがこの中学に来たのは、今年の春だよね？　そこから一年がんばっても、クラス替えもないまま卒業するわけでしょ？　だったらもういいや、って」

ぼくは、すこし申し訳ないような気持ちになった。これまでぼくは、転校生から見た風景について、一度も考えたことがなかった。

「でも……そうやって卒業までじっと我慢するって、苦しくない？　さみしいとか思わない？」

「……わかんない。ほんとはさみしいのかもしれないけど、そんなこと言ったら、ずーっとさみしいはずだからさ」

「あ、あのさ」

言うか言うまいかすこしだけ迷って、ぼくは続けた。

「ぼくね、夏休みが終わったころ、何十年も日記をつけてる、ヤドカリのおじさんに会ったんだ。それから毎日、ぼくも日記をつけるようにしてるんだ。さっき読んでもらった、この日記。そのおじさんに『だれにも言えないことは、日記に書けばいいいんだ』って教えてもらってさ。『書くことは、自分と対話することなんだ』って。だからさ、イシダイくんも日記を書いてみたら、もしかすると……」

そうだ。このさみしさは、イカリくんにはわかってもらえない。ひとりぼっちをたく

さん知ってるイシダイくんだからこそ、わかってくれる気持ちだ。興奮のあまりぼくは、顔をまっ赤にしてしゃべった。日記仲間が、できるのかもしれなかった。

「そっかあ——」

感心したように、イシダイくんが言う。

「いまの日記は、そういう日記だったんだね。なるほど、だれかと話す代わりに、日記に書くんだ」

「う、うん。イシダイくん、日記とか書いたことある？」

「それで言うとぼく、メッセンジャーかも。前の学校の友だちと、アプリでつながってるからさ。いまでもほとんど毎日やりとりしてるし、それができるのはほんと、いい時代に生まれたなあって思ってる」

——こんなに恥ずかしい気持ちになったのは、生まれてはじめてだった。

イシダイくんは、ぼくたちに無視されてきたんじゃない。

そうじゃなくてイシダイくんのほうが、ぼくたちを切っていたんだ。イシダイくんの目に、ぼくたちの姿は映っていなかったんだ。

球拾いするのはなんのため？

「ところでさっきの日記……」

がっくり肩《かた》を落とすぼくに気づかないまま、イシダイくんが言った。

「ヒトデの占い師って、だれ？」

「あ、ああ……そうだよね」

ぼくはなるべく簡単に、ヒトデのことを説明した。くじらまつりの日の出会いから、すこぶる変わった占いのやりかた、そしてきのう言われたことばまで。厄介《やっかい》なことにヒトデは、まじめに説明すればするほどインチキくさく感じられる。それでもイシダイくんは、ぼくを疑う様子もなく興味を持ってくれた。

「へえ。ぼく、占いとかってよくわからないけど、本のことばで占ってくれるのは、おもしろそう」

「うん、おもしろい。ただ、占い師としてどこまで本物なのかは正直よくわかんないかな。だって、こんなわけのわかんないことばまで出してくるんだもん」

ぼくは、あのシーシュポスの本を差し出した。

「そのヒトデさんによるとね、この本の、ここのページのなかにぼくがずっと感じてきた『怒り』が隠されてるんだって」

イシダイくんは差し出された本を手に取ると、いかにもむずかしそうな表情で読み込んだ。そして謎ときをあきらめたように顔を上げて、「ねえ、ちょっと」とだれかに声をかけた。

「ねえ、サワラモトさん。これ、どういう意味だかわかる？」

サワラモトさん!?

イシダイくんの視線の先、ぼくらの斜《なな》め前の席で、図書委員のサワラモトさんが熱心にノートをとっていた。ぼくが一度もしゃべったことのない女子だ。サワラモトさんは目の焦点《しょうてん》を合わせるように眉間《みけん》に皺《しわ》を寄せると、いぶかしげにこちらへと泳いできた。
「これ、きみたちが持ち込んだ本？　学校の本じゃないよね？　ブッカーもラベルも貼《は》ってないし」
サワラモトさんはイシダイくんに訊《たず》ねる。ブッカー？　ラベル？

よくわからないけど、怒っているのかもしれない。ぼくはどぎまぎした。

「うん。これ、タコジローくんが占い師さんにもらった本なんだって」

「占い師ぃ？」

こちらを睨むサワラモトさんに、ぼくはあわてて弁解した。

「い、いや、バスターミナル近くの路地に、占いの屋台が出ていてさ。そこにいるヒトデの占い師さんが、この本のなかにぼくの悩みが書いてあるからしっかり読みなさい、みたいなことを言ったんだ」

「ふーん」

横目でぼくを見たサワラモトさんは、乱暴に本を奪《うば》い取った。


神々がシーシュポスに課した刑罰は、休みなく岩をころがして、ある山の頂まで運び上げるというものであったが、ひとたび山頂にまで達すると、岩はそれ自体の重さでいつもころがり落ちてしまうのであった。

『シーシュポスの神話』カミュ作／清水徹訳（新潮文庫）

「なにこれ、シーシュ、ポス？　こんなのわたしにわかるわけないじゃん。フグイさんとか、もっと本好きのかしこい子に聞きなよ」

「えっ？　サワラモトさん、図書委員でしょ？」

イシダイくんが言うと、サワラモトさんは笑って言った。

「図書委員だからって、みんな本に詳《くわ》しかったり本が好きだったりするわけじゃないの。わたし、本とかほとんど読まないんだから」

「でも、毎日図書室にいるよね？」

「それは――これ。これをつくってるの」

サワラモトさんは、ぼくが貸出カウンターから取ってきた「うみのなか図書新聞」を指して言った。

「きみたち、ちゃんと読んでる？　毎月がんばって半分以上はわたしが書いてるんだよ？　ほら、ここの『わたしの一冊』ってコーナーとか、先生たちにも評判いいんだから。毎月いろんな先生にインタビューして、自分が好きな本について語ってもらうんだけどさ。来月号はクロハギ先生が出るよ」

「……図書委員って、そんなこともやってるんだ」

思わずぼくはつぶやいた。

「そっ。けっこう忙《いそが》しいんだから。一〜二年のあいだは貸出カウンターの係と、ブッカー貼りやラベル貼りでしょ。それからもちろん書架《しょか》整理。年に一回、近くの小学校に行って本の読み聞かせもしてるしね。それで三年生になると貸出カウンターの係から解放されて、図書新聞づくりと、すこしだけ選書もやらせてもらえる感じかな。わたしは選書とか興味ないから、図書新聞ばっかりやってるけどね」

センショ？　ショカ？　相変わらずサワラモトさんはむずかしい専門用語を使う。イシダイくんが、図書新聞を読みながら聞いた。

「サワラモトさん、一年のときからずっと図書委員？」

「うん」

「本が好きでもないのに、いやじゃなかった？」

「そりゃ面倒くさかったよー。何回もやめたくなった。わたしほんとはさ、新聞部に入りたかったんだ。でも、うちの学校、新聞部ないじゃん。それでクロハギ先生に相談したら、図書委員になれば図書新聞をつくれるって言うから、そのまま飛び込んだの。貸

出カウンターの係とか、ラベル貼りとか、そのへんは超絶《ちょうぜつ》ダルかったけど、三年になったら思いっきり新聞づくりができるんだからね。ほら、バレー部の一年生が球拾いしてるみたいな感じ？」

「サワラモトさんって、入学したときから新聞づくりがしたかったの？」

おどろいてぼくは聞いた。

「うん。学級新聞とか卒業文集とか、あと遠足のしおりとか、小学校のころから大好きだったんだ。おもしろいアンケートを考えたり、先生の似顔絵描いたりしてさ。だから二年生までは、先輩《せんぱい》たちの新聞づくりを覗き見しながら貸出カウンターで球拾い」

するとイシダイくんが、ちいさな声で「……球拾いか」とつぶやいた。

「いまの本、ちょっと貸して」

イシダイくんはシーシュポスの本をサワラモトさんから返してもらうと、あのことばが書かれたページを開いてうなずいた。

「これってさ、球拾いみたいなことじゃない？」

「えっ？」

ぼくとサワラモトさんは、声を合わせておどろいた。

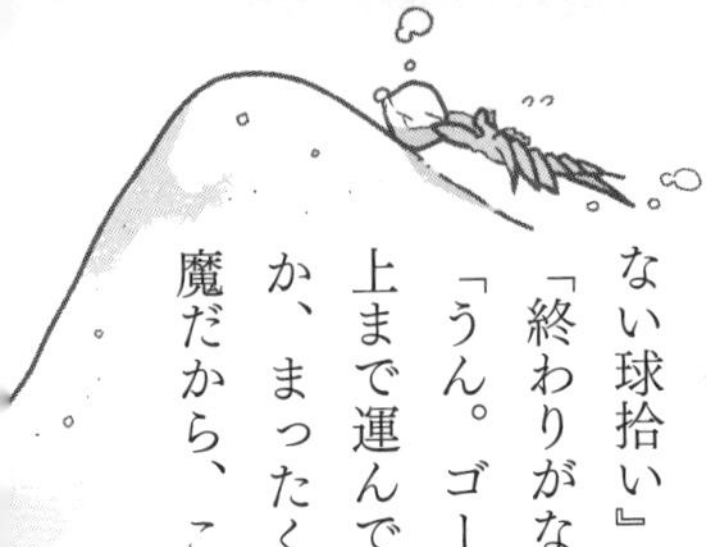

勉強がつまらない、ほんとうの理由

「ぼくも前の学校でテニス部だったからわかるんだけどさ、球拾いって、ぜんぜんおもしろくないし、なんの意味もないよね？　それでもどうにか我慢できるのは、さっきサワラモトさんが言ってたみたいに、一年間なら一年間って期限があって、『二年生になったらコートに立てる』って約束されてるからなんだ。それにくらべて、このシーシュポスの落ちた地獄って、『永遠に終わらない球拾い』をさせられてるようなもんだよね？」

「終わりがない、ってこと？」

「うん。ゴールもわからないし、自分はなんのためにこの岩を頂上まで運んでいるのか、頂上まで運ぶことにどんな意味があるのか、まったくわからない。たとえばこれが、『線路を引くのに邪魔だから、この岩を動かしてくれ』とか『家を建てるのに必要だ

から、この岩を運んでくれ』とか、なんか理由があったら、シーシュポスもがんばるよ。でも、この地獄の岩には、なんの意味もないよね？　しかもそれが永遠に続くんだから、最悪だよ」


「それって、もしかしたら……」

聞いてぼくは、ことばを失った。この前、ヒトデが言っていたぼくの「怒り」がなんなのか、ようやくわかったのだ。

「それって勉強と一緒だよ！」

おどろいた顔でふたりが振り向く。

「いまの話、ぼくが勉強するときにいつも感じていることだよ！　ぼくだってさ、読み書きとか、料理のつくりかたとか、交通ルールとか、そういうことを勉強する意味は、よくわかるんだ。だって生きていくのに必要だからね。でも、数学なんか勉強したって、意味ないよね？　おとなになっても因数分解とか円周率とか使わないよね？　むずかしい化学式も、ナントカ王朝の歴史も、そんなの検索《けんさく》すればよくない？　そうだよ、ぼくは勉強が嫌いなん

じゃない。『なんのためにやっているのかわからないもの』を、なんの説明もなくやらされているのが、いやなんだ。ぼくはシーシュポスなんだ。……すごい！　ヒトデさんもイシダイくんもすごい！　やっとわかったよ！」

突然おおきな声でまくし立てたぼくに、ふたりが顔を見合わせている。

「……タコジローくん、図書委員としてひとつだけ言わせて」

サワラモトさんが小声で微笑む。

「ちょっと声がおおきい」

本には特別な鏡が仕込んである

学校からの帰り道、ぼくは興奮を抑《おさ》えきれないままヒトデの屋台をめざした。シーシュポスの謎が解けたことを、ぼくの抱《かか》える怒りの正体を、すぐにでも報告したかったのだ。

「やれやれ、またアンタかい」

ヒトデの屋台には、相変わらずだれもいない。

「この本、ありがとう！　ヒトデさんの占い、やっぱりすごいや！　ぜんぜん意識してなかったけど、ぼくが怒ってたこと、ようやくわかった」

そう言ってかばんからシーシュポスの本を取り出そうとした瞬間、後方からバシャバシャッとフラッシュが焚《た》かれた。

「えっ!?」

振り返ると、カメラを構えたサワラモトさんが立っていた。

「ごめんね〜、タコジローくん。つけてきちゃった」

「サワラモトさん！」

おどろいたぼくの顔を、またバシャバシャと撮影《さつえい》する。

「なんだかすっごくおもしろそうな占い師さんの話をしてたからさ、ちょっと記者魂《だましい》？　ミーハー心？　燃えてきちゃって、こっそりついてきたんだ」

「おやまあ。アンタ、きょうはガールフレンドとご一緒かい？」

「ちっ、違うよ！」

ぼくはまっ赤になって反論した。

「ぼ、ぼく、サワラモトさんとしゃべったの、きょうがはじめてだもん！　サワラモトさん、勝手についてきただけだよ！」

「ねえねえ、それより占い師さん。占い師さんはいつからここにお店を出してるの？　わたしが前に通ったとき、こんな屋台なかったよ？」

サワラモトさんはシェルフォンの録音ボタンを押して、かまわず質問する。

「つい最近のことさ。アンタの土地でもあるまいし、アタシがどこにお店を出そうとかまわないだろ？」

「その水晶玉と、うしろの本棚にある本で占いをするんだよね？　これってジャンルで言えばなに占いになるの？　ほら、星座占いとかタロット占いとか、いろんな流派があるじゃん」

へっ、と笑ってヒトデが答える。

「そうだねえ、あえて名前をつけるとするなら、鏡占いってところかね」

「鏡？　どういうこと？　その水晶玉、鏡になってるの？」

「まあ、ごちゃごちゃ言わず、アンタも一度占ってみるといいさ」

「わたしが？」

「怖いのかい？」

「いやいや、占うのは勝手だけど、寿命《じゅみょう》とか家族とか、へんに重たいやつはやめてよね。どうせロクな結果は出ないんだから。恋《こい》占いとか今週のラッキーアイテムとか、なんか軽めのやつでお願い」

「……ふうん。だったらお望みどおり、恋占いでやってみようか。アンタ、好きな子はいるのかい？」

隣にいてぼくはドキッとした。聞いちゃいけない話を聞いているような気がした。

「ぜーんぜん。だからどんな最悪な結果が出ても安心」

するとヒトデは、いつもの順番で占いをはじめた。水晶玉に手をかざし、目を閉じて呪文を唱え、ふわふわと浮いてきた本を摑んで、ページを開く。いつもと違うところがあるとすれば、本がまったく光っていないところだ。

「ええーっ!!　待って、待って、なにこれぇー!?」

サワラモトさんがおどろきの声を上げた。

「ほほう。これはまたおもしろいことばが出てきたね」

うれしそうにうなずくと、ヒトデは読み上げた。

一体、私は、誰を待っているのだろう。はっきりした形のものは何も無い。ただ、もやもやしている。けれども、私は待っている。大戦争がはじまってからは、毎日、毎日、お買い物の帰りには駅に立ち寄り、この冷たいベンチに腰をかけて、待っている。誰か、ひとり、笑って私に声を掛ける。おお、こわい。ああ、困る。私の待っているのは、あなたでない。それでは一体、私は誰を待っているのだろう。旦那《だんな》さま。ちがう。恋人。ちがいます。お友達。いやだ。お金。まさか。亡霊《ぼうれい》。おお、いやだ。

もっとなごやかな、ぱっと明るい、素晴《すば》らしいもの。なんだか、わからない。たとえば、春のようなもの。いや、ちがう。青葉。五月。麦畑を流れる清水。やっぱり、ちがう。ああ、けれども私は待っているのです。

「ちょっとちょっとちょっと！　いまのはなに!?　どうして本が浮いたり光ったりしてるの!?」

やっぱりだ。ぼくには見えなかったけれど、サワラモトさんの目にはこの本が光って

『待つ』太宰治（角川文庫『女生徒』収録）

見えるんだ。

「どうしてって、アタシは占い師だからね。不思議でインチキくさいことをやってみせるのが商売なのさ」

「ねえねえ、タコジローくんのときもこんな感じだった⁉」

サワラモトさんはぼくのほうを振り返った。

「うん。しかもこれ、光って見えてるのは、占ってもらったサワラモトさんだけなんだ。だっていま読み上げたところ、ぼくの目にはぜんぜん光ってないもん」

「そうなの⁉　ねえ、占い師さん、どういうこと？」

「さっき言っただろ？　これは鏡占いだって」

「それがなに？」


いたずらっぽく笑って、ヒトデは言った。

「本のなかにはね、自分だけが映って見える、特別な鏡が仕込んであるのさ」

ぼくたちが待っているもの

「はっ!?」

「アンタ、恋占いをしてほしいって言ったよね？　ところがアンタはいま、恋愛《れんあい》にほとんど興味がない」

「うん、興味ない。自分でも笑っちゃうくらい、なんの興味もない」

「そこで出てきたことばがこれだ。──アンタはいま、待っている。だれを待っているのか、なにを待っているのかは、自分でもわからない。友だちかもしれないし、好きな男の子なのかもしれない。まったく別のなにか、たとえば趣味《しゅみ》を見つけたり、どこか遠くを旅したりすることなのかもしれない。ただ、待っている。駅のような騒々《そうぞう》しい場所にひとり座って、それが現れるのを待っている。──ふつうに読めば、そういうことじゃないのかね」

ずっとテンションの高かったサワラモトさんが急に静かになって、ヒトデから手渡された本を読みはじめた。やっぱり、ぼくの目にその文章はまるで光って見えない。

「わからなくはない……のかも」

サワラモトさんがつぶやいた。

「なにか、思い当たるフシでもあったかい？」

「その……だれかを待っているとか、なにかを待ってる、っていうのは正直よくわからない。っていうか、ヒトデさんの読みかたは違うと思う」

「へえ、どう違うっていうんだい？」

「この主人公の『私』はね、待ってるんじゃないの。まわりからあれやこれやと差し出されるのがいやなのよ。わたしもこんなふうにされたら、『違う、それじゃない！』ってはね除《の》けたくなるもん」

「たとえば？」

「それこそお母さんに『これ食べる？』『きょうの晩ごはん、あれにする？』って聞かれるだけでも、やだ、って思っちゃう。別に、ほかに食べたいものがあったり、ほんとにいや、ってわけでもないのに。あとは、進路もそう。先生から『この学校はどうだ？』とか言われると、それだけで『ぜったいにやだ』って思っちゃう」

「なるほど、おもしろい読みかただ」

「でしょ⁉　みんな、ほっといてくれればいいのにさ」

「それでもアンタは、待っているのかもしれないよ。——この退屈な毎日から自分を連れ出してくれる、なにかをね」


「……待たなきゃいけないの？」

サワラモトさんが低い声で言った。

「どういうことだい？」

「それって、自分で見つけたり、自分で摑むことはできないの？　なんかその、理想の王子さまを待つ女の子、みたいな考え、すっごくいや」

「もちろん、自分で摑むことはできる。ただし……」

ヒトデがそう言うと本棚から、また一冊のあたらしい本が浮かび上がった。戸惑《とまど》うサワラモトさんをよそに、ヒトデは摑んでページを開く。これもきっと、サワラモトさんの目には光り輝いて見えるのだろう。

「答えはここに書いてあるんじゃないかい？」

ヒトデは、短いことばを読み上げた。

恋している者は偉大な創造者です。しかし恋されている者は、もし恋されているだけならば、哀れな享受者にすぎません。

「哀《あわ》れな、キョージュ、シャ……？」

サワラモトさんはヒトデから本を奪い取って、顔を近づけた。

「そう。恋をしているときは、たとえ片思いだったとしてもたのしいものさ。相手のちょっとしたしぐさやことばに胸を躍《おど》らせて、自分のなかでいくらでも美しい楽園をつくることができる。生きるよろこびでいっぱいになる。ところが、恋をされているほうは違う。自分にその気がないかぎり、なんにもたのしいことはない。世界が輝くわけでもなければ、生きるよろこびに満たされるわけでもない」

「だれかに好かれるより、だれかを好きになるほうが幸せ、ってこと？　それが片思いだったとしても？」

「もちろんさ。アタシたちにとっていちばんのよろこびは、だれかやなにかを『好きになること』なんだ。アンタは決して、理想の王子さまを待っているわけじゃない。『なにかを好きになる自分』を、待っているのさ」

『愛のパンセ』谷川俊太郎（小学館文庫『愛について／愛のパンセ』収録）

本を読むことは自分を読むこと

ふうん、と言ってサワラモトさんは本をカウンターに置いた。

「ヒトデさんの占いは、だいたいわかった。――おもしろいし、けっこう当たってると思う。それは認める。でもさ、さっき言ってた鏡ってなに？」

「アンタ、本を読むのは好きかい？」

「ううん。図書委員やってるくせに、ほとんど読まない」

「じゃあ、本が好きな子たちはなんのために読んでるんだと思う？」

「そりゃあ、なにかインプットしたいんじゃない？　知識を仕入れるとか、あたらしい情報を仕入れるとか。あとはヒマつぶしっていうか、純粋《じゅんすい》に娯楽《ごらく》として読む子も多いんだろうけど。小説とかさ」

「そうだね、それが一般《いっぱん》的な本の読みかたと言えるだろう。でもね、ほんとうに大切な本、運命の一冊と言えるような本を読むときは違う」

「なにが違うの？」

「自分にとってほんとうに大切な本を読むときのアタシたちは、本のなかに『自分』を読むのさ。まるで鏡を覗き込んで、しげしげと自分の顔を眺めるようにね」

「自分を読む？」

「ああ。アンタだって鏡がなかったら自分がどんな顔をしているのかわからないだろ？　それと同じで、アタシたちの心も、自分ひとりではどんな姿をしているのかよくわからないものなのさ」

聞きながら、思わず考えた。いま、ぼくはどんな顔をしているんだろう。どんな表情で、ヒトデの話を聞いているんだろう。わからない。自分の顔だってのに、鏡がなければなにもわからない。

「いい本には、かならず自分が映し出される。そして本に書かれたことばを頼《たよ》りに、アタシたちは自分を知っていく。自分という深い森のなかを、探検していくんだ。さっきアンタが読んだ駅前で待つ話にしてもそうさ。あの小説のなかには、アンタ専用の鏡が置いてあった。でもタコちゃんの鏡は置いてなかった。だからアンタの目にだけ、光って見えたのさ」

「その鏡はだれが仕込んだの？」

「もちろん作者さ。その作者はきっと、アンタと同じ悩みを抱えていたり、過去に経験していたり、あるいはそれについてとことん考えたりしたんだろうね。そして『きっとだれかがこの鏡を必要としてくれる』と信じて、そこに置いたのさ」

「じゃ、じゃあ、ヒトデさんの占いは――」

サワラモトさんが黙り込むのを見計らって、ぼくは聞いた。

「ヒトデさんの占いは、ぼくたちに本の鏡を見せているようなものなの？」

「そうだね。自分だけの鏡にほんのちいさなスポットライトを当てて、アンタたちに差し出している。言ってみればアタシは、心の照明係なのさ」

「心の照明係？」

「ああ。たとえ鏡が置かれていても、まっ暗闇《くらやみ》じゃなにも見えないだろ？　そこでアタシは水晶玉を使う。本のなかに、光を当てる。『ここに鏡があるよ！』ってね。そうするとみんな、自分のことが読みやすくなるって寸法さ」


「ねえ、ヒトデさん！」

突然、サワラモトさんがカウンターに手をついておおきな声で言った。

「お願い！　これからしばらく、ヒトデさんを取材させて。わたし、ヒトデさんのこと知りたい。ヒトデさんのインタビュー、新聞に書いてみたい。占いのこと、本のこと、わたしたちの心のこと。だって、めちゃくちゃおもしろいもん！」

「……まあ、話を聞きたいってことだったら、いつでも来るがいいさ」

「よし！　じゃあタコジローくん、きみも手伝ってね」

「えっ⁉　ぼくが？」

「そりゃそうよ。わたしをヒトデさんのところに連れてきて、紹介《しょうかい》してくれたのはタコジローくんでしょ？　これはタコジローくんが拾ってきた特ダネなんだよ？」

連れてきたおぼえもなければ、紹介したおぼえもない。サワラモトさんが勝手についてきただけじゃないか。

「で、でもぼくは新聞なんてわかんないし……」

「いいから！　困ったらイシダイくんに聞けばいいでしょ。イシダイくん、あんなに盛り上がっていたんだしさ」

「ほらほら、そういう話はよそでやっておくれ。アタシはそろそろ店じまいさせてもらうからね。――それからその本、二冊ともお姉ちゃんにあげるから気が向いたら読んでおきな。ほかにもいろんな鏡が仕込んであるかもしれないよ」

そう言ってヒトデは、看板の照明を落とした。

「うん。ありがとう、ヒトデさん！　タコジローくんたちと作戦会議して、また来るからね」

「じゃ、あしたの昼休み、図書室集合ね。そしてイシダイくんもチームに誘うから、ちゃんと協力するように」
「……う、うん」
路地を出てからバスターミナルへ向かう途中、サワラモトさんは何度も念押しした。
ぼくとしてもサワラモトさんとふたりきりで新聞づくりをするよりも、イシダイくんが入ってくれたほうがありがたい。

「じゃあぼく、こっちのバスに乗るから」

三番線のバスに乗り込もうとしたとき、サワラモトさんが「あっ、それからタコジローくん」と呼び止めた。

「きょう、たのしかった。誘ってくれてありがと」

「えっ？」

誘ってないよ、とも、勝手についてきただけじゃん、とも言えないまま、ドアが閉まった。サワラモトさんは首をすくめるように笑って、ちいさく手を振った。運転手さんが低い声で出発の合図をすると、バスが動き出した。

そして席に着こうとしたとき、あの星のカードが座席に落ちていた。そこに書かれていたのは、こんなことばだった。

「遠く」というのがいったいどこにあるのか、きみは知らなかった。きみの街のどこかに、それはあるのだろうか。きみはきみの街ならどこでも、きみの掌《てのひら》のようにくわしく知っていた。しかし、きみの知識をありったけあつめても、やっぱりどんな「遠く」もきみの街にはなかったのだ。きみの街には匿《かく》された、秘密の「遠く」なんてところはなかった。「遠く」とはきみの街のそとにあるところなのだ。

胸がドキドキした。家に帰り着いてからもずっと、ドキドキしていた。そのドキドキが三枚目のカードのせいなのか、それともサワラモトさんのせいなのか、ぼくにはわからなかった。

『あのときかもしれない』長田弘（ハルキ文庫『深呼吸の必要』収録）

秘密の編集会議、はじまる

翌日の昼休み、ぼくはイシダイくんになにも伝えないまま、すこしだけ時間をおいて図書室に向かった。到着したころにはもう、サワラモトさんが丸テーブルにいたイシダイくんを捕《つか》まえて、あれこれ話し込んでいた。

「もう、遅《おそ》いよ！　タコジローくんからもちゃんと説明して。そもそもイシダイくんを誘おうって言い出したのはきみでしょ！」

ちょっとちょっと、ぼくじゃないよ——。サワラモトさんの手にかかると、なんでもぼくが言い出しっぺになってしまう。

「い、いや、言い出したのはぼくじゃないし、説明するって言っても、ぼくも巻き込まれたようなもんだし……」

「えー、ずるーい。きのうはあんなにやる気だったじゃん。作戦会議しようって」

「あのー。ちょっと整理させて」

イシダイくんが手を挙げて言った。

「占い師のことは、きのうタコジローくんに聞いた。おもしろい占い師だと思う。サワラモトさんが図書新聞に載《の》せたいってことも、いちおうわかった。でも、ぼくはなにをすればいいわけ？　ぼくが誘われる理由が、ぜんぜんわからないんだけど」

「イシダイくんにお願いしたいのは、ズバリ通訳」

「通訳？」

「うん。まず、わたしが記者、インタビュアーでしょ？　それでタコジローくんはヒトデさんとわたしのあいだを取り持つ案内役。やっぱりあのヒトデさん、タコジローくんのことが好きだし、タコジローくんと一緒だったら、多少のワガママも聞いてくれる思うんだよね」

ヒトデがぼくのことを気に入っている？

サワラモトさんの目に、そんなふうに映っていたことがおどろきだった。

「そしてイシダイくんは、ヒトデさんとか本のことばを解説してくれる通訳。あれはこういう意味だよ、ってわたしたちに教

えてほしいの。ほら、きのうだってイシダイくん、シーシュポスの意味を解説してくれたじゃん。そう考えるとわたしたち、かなり完《かん》ぺきなチームじゃない？」

「うーん。なんかいろいろ誤解がある気がするけど……タコジローくんはどうなの？　サワラモトさんの図書新聞、手伝うつもりなの？」

イシダイくんとサワラモトさん、ふたりの視線がぼくに集中した。どぎまぎしながら、ぼくは声を絞《しぼ》り出した。

「……うん、いちおう手伝おうと思ってる。ヒトデさんの話、おもしろいし。だから、もしよかったらイシダイくんにも、手伝ってほしい」

にっこり笑ったサワラモトさんが、「ほらっ！」とイシダイくんの顔を見た。

「――おっかしいなあ」

天井《てんじょう》を見上げたイシダイくんが、笑いながら言った。

「タコジローくんにお願いされると、なんか断りづらくなるんだよなあ」

「でしょ!?　タコジローくんってさ、なーんか不思議な、放《ほう》っておけない魅力《みりょく》があるんだよね！　だからヒトデさんもタコジローくんのことが好きなんだと思う」

ふたりの言ってることが、さっぱりわからない。サワラモトさんは、かまわず続けた。

「……それじゃ、イシダイくんも正式にオッケーってことだよね？」

「うん。せっかくだから、新聞づくりのことも教えてよ」

「もちろん！」

ちょっと待ってね、と言ってサワラモトさんは、貸出カウンターのほうへと泳いでいった。

「ねえ、イシダイくん」

サワラモトさんに聞こえないくらいの声で、ぼくは語りかける。

「なんか、強引に巻き込むみたいなかたちになってごめんね。迷惑《めいわく》だったら、ちゃんと言ってね。ぼくのほうからサワラモトさんに説明するから」

イシダイくんは笑って言った。

「ぜんぜん迷惑とか思ってないよ。その占い、ぼくもやってみたいし、これくらい強引に誘ってもらわないと、ぼくひとりじゃ行かないだろうし」

「あー、よかった。ぼく、サワラモトさんとふたりでやることになったらどうしよう、って思ってたんだ」

「それにさ」

ぼくのことばが聞こえなかったみたいに、イシダイくんは続けた。

「けっこう好きなんだよね、サワラモトさんのこと。だからタコジローくんが誘ってくれて、すごくうれしかった」

えっ？　――イシダイくんの言う「好き」が、どういう種類の好きなのか、よくわからなかった。もし、ほんとの好きだったら、ふたりのことをどんなふうに見たらいいんだろう。顔が赤くならないよう、ぼくは気をつけた。


「ごめんごめん、バックナンバー探してたら遅くなっちゃった」

サワラモトさんがたくさんの新聞を手に戻ってきた。

「これ、今年に入ってからの図書新聞。こっちは町の歴史を調べた特集号でしょ。そしてこっちは文房具《ぶんぼうぐ》の特集号。あと、これが意外と大変だったんだけど、絵本の特集号。一年生全員に子どものころ好きだった絵本のアンケートをとって、こんなふうにランキングしていったの」

「へえー、すごいね。これ、文章もサワラモトさんが書いてるの？」

どれもこれもぜんぜん中学生っぽさがない、本物の新聞みたいだった。

「文房具特集と絵本特集、あとこっちのサンゴ特集は、わたしがメインで進めた。月ごとの交代制なんだけど、今度の12月号はわたしの番なんだ」

「そこに占い特集を持ってくるわけだ」

イシダイくんのことばに、サワラモトさんが「うーん。そのつもりだったんだけどねー」と首を傾《かし》げる。

「なんかストレートすぎておもしろくないっていうか、ヒトデさんの魅力は占いじゃない気がするんだよねー」


「あ、あの……きのう思い出したんだけどさ」

おそるおそる、ぼくは言った。

「前にヒトデさんのところに行ったとき、ヒトデさんが『本の読みかたにはコツがある』って言ってたんだ。コツさえ憶えれば、だれだって本が読める、って」

「どんなコツ？」

「いまはまだ教えられないんだって。でも、小説を読むときのコツとか、そうじゃない本を読むときのコツとか、いろいろあるみたい。だから……」

「やるじゃん！　それでいこうよ、『本の読みかた』特集号、最高だよ！」

「うーん。占い師が語る『本の読みかた』ねえ。それって成立するのかなあ」

うみのなか図書新聞
10月号
発行
図書委員
サワラモト シズカ
一年生全員がえらんだ!!
えほんランキング
1位
さみしいよるの まつりばやし
まつりばやしがきこえてくると、ぼくらはあのなつの日をおもいだす… せつなさ100%のストーリー!!
カニエ先生も小さいとき読んでいた!
2位
\12票/
せつなくて ひきこまれます
さざなみまろと はざまのアジ子
死んだおばあちゃんに会えるときいて、さざなみまろをたずねたアジ子はふしぎなゆめをみた。めくるめくぼうけん!
『さざなみまろと はざまのアジ子』
3位
\12票/
読みながら いっしょに泣きました
『くじらのなみだは なぜあまい』
くじらのなみだは なぜあまい
泣いてばかりのくじらさん。ところがそのなみだは、とってもあまいジュースなのでした。そのわけは…。
先生にも きいてきました
文房具大特
持ちやすいグリップ
芯が10本も入る! すごいストック
これがベスト!!
体験者の声
2年A組 サヨリさん
C組 スズキさん
今月の新しい本
『しんじゅ
それは君

あきれたように笑うイシダイくんを手で制して、サワラモトさんが言った。

「あしたの昼休みにまた、ここで編集会議しよう。ふたりともそれまでにヒトデさんへの質問、考えてきて。わたしも考えてくるから」

作戦会議の呼び名はいつの間にか、編集会議に変わっていた。

ぼくがいま、サワラモトさんたちとこんなことをしているなんて、カニエ先生も知らないし、トビオくんたちも知らない。イカリくんだって、まだ知らない。だれも知らない、秘密の編集会議。そう考えるとすこし怖いような、わくわくするような、不思議な気持ちだった。

どこで学ぶかよりも大切な「だれに学ぶか」

学校からの帰り、ぼくはイカリくんの家を訪ねた。

「おう、タコっち。これ、もうすこしで終わるから、そのへんに座って待ってて」

イカリくんはいかにもたのしそうに問題集を解いている。

「勉強、順調そうだね」

「いちおうね。数学は順調に進んでるし、理科もけっこう進んだ。そりゃここからのラストスパートが大事になるけど、いまのところはいいペースかな。タコっちのほうはどう？　第一志望、そろそろ決めた？」

「……うん。この前の三者面談で、うみのなか高校にしたらどうだ、って言われた」

「へーえ。いいじゃん、家からも近いし。うみ高ってさ、サッカー部はあんまり強くないけど、バスケ部とか卓球部《たっきゅうぶ》とか意外と強いんだぜ。あと、文化祭が毎年おもしろいって聞いたな」

ぼくは、うみのなか高校のことをなにも知らなかった。ただ自分の学力というか、偏差値《へんさち》というか、そういうので先生に言われただけの進路だ。

「で、どうなの？　タコっちの受験勉強。うまく進んでる？」

「そのことで相談っていうか、聞いてみたかったんだけどさ」

「なに？」

「……ぼくたち、どうして勉強しなきゃいけないのかな?」

「はっ?」

「イカリくんは納得してる? こうやって数学とか歴史とか勉強して、高校受験しなきゃいけない、みたいなの」

ペンを置いて、イカリくんが向きなおった。

「それはまたお前、相当でかい質問持ってきたな」

「……ごめん、超いまさらな相談で」

このままヒトデやシーシュポスの話をするべきかどうか迷ったけれど、とりあえずはやめておくことにした。

「なんかさ、数学なら数学が、ほんとに役立つならいいんだ。おとなになっても方程式を使いまくるとか、台形の面積がわかんないと会社をクビになるとか。でも、ぜったいそんなことないよね?」

「まあな。元素記号とか化学式とかも、うちの父ちゃんは使ってないだろうな」

「だったら、どうして勉強しなきゃいけないの? 受験のため?」

「受験のため、っていうか――」

イカリくんは、足元に転がっていたサッカーボールを手に取って言った。

「これ、あくまでもおれの場合ね。ほかのみんながどう考えるか知らないけど、おれの場合。その前提で言うとおれ、勉強する理由とかどうでもいいと思ってるんだ」

「なんで？」

「これさ、親にも先生にも言ってないし、言うつもりもないんだけど、しお高を受けることにしたの、偏差値とかぜんぜん関係ないんだよ」

「どういうこと？」

「しお高のサッカー部にオオタラバ先生っていう元Sリーガーのすごい監督《かんとく》がいて、その監督さんのもとでやってみたいだけなんだよ」

「サッカーの、監督さん目当てってこと？」

「完全にそう。練習メニューも、試合の戦術も、あとはチームのまとめかたなんかも、ほかの監督とはまったく違うと思うんだよね。せっかくサッカーやるんだったら、そういう監督のところでやりたいし、あそこで三年間を過ごしたら、自分の人生変わるんじゃないかって思ってる」

「そんなに？」

いつもクールなイカリくんが、だれかのことを尊敬してるって言ったり、あこがれを口にしたりするのは、はじめて見た気がした。

「うん。だからおれにとっての高校受験って、そのまま入団テストなんだ」

「入団テスト!?」

「そっ。ここで勉強さえがんばって、受験に合格さえしてしまえば、それだけでサッカー部に入れるわけだろ？　サッカーの実技試験とかなしで」

「……そ、それはそうかもしれないけど」

「だからタコっちも、そういうのを探してみたらいいんじゃない？　どうしてもこの高校に行きたいっていう、偏差値とは関係ない理由を」

「そんなこと言っても、ぼくは部活とかやってないし……」

「なんか見つかるはずだって。『文化祭でこれをやりたい』とか『あの先輩と同じ学校に行きたい』とかさ。そうすれば勉強する理由も、あとからついてくるもんだよ。なんなら、うみ校の学校見学会とか、付き合おうか？」

いや、とぼくは首を振った。

「ぼく、やらなきゃいけないことができたんだ」

日記を差し出してぼくはくじらまつりでヒトデに出会ってから、サワラモトさんたちと図書新聞をつくることになるまでを、ぜんぶ話した。イカリくんは何度もうなずきながら、ぼくの日記を読んでくれた。

「やっぱりな」

イカリくんが言った。

「やっぱり、って？」

イカリくんは日記をめくりながら笑った。

「きょう、タコっちが部屋に入ってきた瞬間からわかってたよ。なにか、おおきな決断をしてきたんだなって」

「えっ？」

「鏡で自分の顔を見てみろよ。すっげえいい顔してるから。もしかしたらその図書新聞づくりで見つかるかもしれないぜ？　タコっちが高校に行く理由」

——ほんとの占い師は、イカリくんのほうかもしれない。

ぼくは不意に、そう思った。

章

の夜に開く

3 ひとり扉は

勇気をともなわないかしこさ

午前の授業が終わり、給食が終わると、まずはイシダイくんが、それに続いてサワラモトさんが、ことばもなにも交わさないまま、すうっと教室を出ていった。ぼくもトビオくんたちに呼び止められないよう、静かにあとを追って、渡り廊下を越えて図書室をめざした。ぼくたちしか知らない、秘密の編集会議に出るために。

「ねえ、ふたりともきのう言った宿題、考えてきた？」

サワラモトさんが机に置いた青いノートには、表紙におおきく「図書新聞12月号」と書かれている。ぼくとイシダイくんは互いに顔を見合わせて、どちらが先に口を開くかゆずり合った。

「ぼくは……そうだな、きのうタコジローくんから聞いた流れで言うと、小説の読みかたを聞いてみたいかな」

イシダイくんが言った。

「でもイシダイくん、いつもここでなんか読んでるじゃん」

意外そうな顔で、サワラモトさんが聞き返す。

「小説はほとんど読まないよ。歴史とか、ナントカ入門みたいな本とか、あとは伝記とか、そんなのばっかり。いま読んでるのだって、鉄道の歴史をまとめた本だし」

「……それって、読んでておもしろい？」

サワラモトさんが、心底不思議そうに聞いた。

「おもしろいっていうか、知らないことだからさ。読んでて『へえー』とは思うよ。それこそ新聞を読むとか、ニュースを見るとかと一緒じゃないかな」

「うへぇー。わたしつくるのは好きなくせに、新聞ってまともに読んだことないんだよねえ。わたしは逆に、そういう本の読みかたを教えてほしいくらい」

言いながらサワラモトさんは「小説の読みかた」「むずかしい本の読みかた」とメモを取っていった。

「それで、タコジローくんは？　イシダイくんは小説の読みかたで、わたしはむずかしい本の読みかた。あとは、ヒトデさんが本を好きになったきっかけとかも知りたいかな。タコ

ジローくんはどんなこと聞きたい？」

「あ、あの、ぜんぜん違うかもしれないけど……」

自分の考えてきた質問が見当外れなものだったと気づきながら、けれどほかの質問も思いつかず、ぼくは口を開いた。

「……ぼく、シーシュポスの答えを聞きたい」

「はっ？」

「その……ぼくたち、岩を押すシーシュポスみたいに勉強させられてるわけだよね？どうして勉強しなきゃいけないのか、どうして高校に行かなきゃいけないのか、そこを聞きたい」

「それはタコジローくん、図書新聞での取材っていうより、完全に自分の……」

と言いかけたイシダイくんにかぶせるようにして、サワラモトさんが言った。

「いいじゃん、いいじゃん！　そういうの待ってた！　それってさ、ほんとにおもしろい答えが聞けたら、一年生にも二年生にも役に立つと思う。ヒトデさんのことだから、『勉強なんてしなくていい』とか言いそうだけどね」

サワラモトさんはうれしそうに「わたしたちが勉強する意味」「高校に行く理由」とペンを走らせる。

「ねえ、イシダイくんはどうなの？　勉強する意味とか、考えたりする？　わたし、けっこうタコジローくんの気持ちがわかるんだけど」

「うーん。ぼくはあんまり考えないかなあ」

「なんで？　勉強できちゃうから？」

「いや、そんなの考えてもしょうがないっていうか、とりあえず来た球を打つしかない、って感じ」

「来た球を打つ？」

「たとえばテニスをするときに、コートに立ったあとで『そもそもテニスってなんだろう？』とか『どうしてラケットを使うんだろう？』とか考えないよね？　自分はもうコートに立っているんだし、ゲームははじまっているんだから。あとは来た球を打つしかないじゃん」

「でも、タコジローくんが言ってるのは、コートに立つ前の『どうしてやりたくもないテニスをやらなきゃいけないんだろう？』ってことだよ？」

「うーん。それは勉強が『みんながやりたくないこと』だからいいんじゃないのかな」

「どういうこと？」

「ほら、テニスが大好きとかサッカーが大好きとかいう生徒はいっぱいいるよね？　でも、勉強が大好きって子はほとんどいない。そこが勉強の公平なところだと思うんだ。だって、サッカーのうまさだけで進学先が決まる世のなかだったら、サッカー好きな子が有利になるし、運動が苦手な子は不利になるし、不公平でしょ」

「で、でも、勉強が苦手な子もいるよ？」

思わずぼくは言った。イシダイくんの意見は、勉強ができる子の意見に聞こえた。

「たぶんおとなたちは勉強のこと、『やればできるもの』って思ってるんじゃないのかな。ぼくも勉強って、運動とか絵を描くこととかにくらべれば、才能は関係ないものな気がする。努力次第でどうにかなるっていうか」

「それがどうにかならないんだよねー」

サワラモトさんは自分を笑うように言った。

「じゃあイシダイくんは勉強する理由とか、あんまり気にならないってわけね？」

「うん、考えないようにしてる。来た球を打つだけ」

イシダイくんはおとななんだろうな、と思った。

ただしそれは、いつかヒトデが言っていた、考えることにフタをしたおとなだ。

ヒトデはイシダイくんに、どんなことばをかけるんだろう。どんな本を、占ってみせるんだろう。ぼくにイシダイくんの冷めた態度は、「勇気をともなわないかしこさ」に感じられた。

イシダイくんが語る、遠い町の話

放課後、ぼくたちは同じバスに乗ってターミナルに向かった。

ぼくとイシダイくんがふたり用の席に、サワラモトさんがすこし離《はな》れたひとり用の席に座る。

「そういえばイシダイくん、くじらまつりに出たのって、今年がはじめてだよね？　たのしかった？」

「うん、たのしかったよ。くじらの大神さま、だっけ？　ぼくが前に住んでた町にも、くじら伝説みたいなのがあったんだ」

「へええ、どんなの？」

「なんか、くじらは知恵《ちえ》の光を配る神さまで、あちこちの海を渡ってはみんなに知恵を授《さず》けていったんだって。それでいろんな争いごとが解決したり、町が栄えたりしてさ。だからぼくらの町には、くじら神社ってのがあって、毎年受験生が大勢やってくるんだ。学問の神さまってことでね」

「おもしろーい、そっちのくじらは学問の神さまなのかあ。おまつりもあった？」

「もちろん。パレードもあったし、屋台も出るよ。おまつりの最後には、くじら神社で真珠《しんじゅ》が配られてさ。それを知恵の光ってことにして、一年の無事を願うんだ。だから、ほとんどの家には知恵の真珠が飾《かざ》られてる」

「イシダイくんの家にも？」

「うん。よかったら今度、見においでよ。けっこうきれいなんだ」

遠い町の話を聞いていると、わくわくしてくる。そんな町があること、そこに暮らすだれかがいること。この町とはぜんぜん違う風景があって、お店があって、おまつりがあること。だけど外国ってわけじゃなく、ぼくたちと同じことばをしゃべっていること。聞いていて、ぜんぶがおもしろい。

「でも、イシダイくんみたいに何回も転校していたら、いろんな町のいろんな暮らしを知ってるってことだよね？」

「それはそうなんだけど、逆にどこも一緒だな、って感じることのほうが多いかも。都会とか田舎とか、暑いとか寒いとかはあっても、やってることや考えてることはみんな一緒な気がする」

やっぱり、おとなとしゃべってるみたいだな、とぼくは思った。イシダイくんはぼくが知らないことをたくさん知っている。知っているだけじゃなくて、たくさん見て、経験している。それはなんというか、とてもおとなだ。

終点のターミナルに着いてバスを降りようとしたとき、サワラモトさんがぼくの肩を突いて言った。

「ふたりとも、おもしろい話してたね」

「えっ？　聞こえてた？」

「うん、ばっちり。タコジローくんさ、ヒトデさんにもさっきみたいな感じでどんどん質問しちゃいなよ。なんかタコジローくんって、すっごく記者に向いてる気がする」

「ぼくが記者？」

「そっ、クロハギ先生も言ってた。記者って、ペラペラおしゃべりするのがうまくてもダメで、聞き上手でいることが大事なんだって。『だからサワラモトみたいに自分のことばかりしゃべってると、聞きたいことも聞けないぞ』って笑われたもん」

サワラモトさんはそう言って、バスを降りていった。あわててぼくも降りようとしたところ、運転手さんが「おーい。そこ、落としものだよ」と声をかけてきた。

「落としもの？」

帽子《ぼうし》を目深《まぶか》にかぶったイワシの運転手さんが指した先に落ちていたのは、あの星のカードだった。

ある日、街のそとへ、きみはとうとう一人ででかけていった。街のそとへゆくのは難しいことではなかった。街はずれの橋をわたる。あとはどんどんゆけばいい。きみは急ぎ足で歩いていった。ポケットに、握り拳を突っこんで。急いでゆけば、それだけ「遠く」に早くつけるのだ。そしたら、「遠く」にいったなんてことに誰も気づかぬうちに、きみはかえれるだろう。

バスを降りると、サワラモトさんとイシダイくんが横断歩道の前で信号待ちをしている。そしてまた、上空を長い影が通り過ぎていった。ふたりとも影に気づかないまま、なにかを話し合っている。すこしだけ、自分がひとりになった気がした。

『あのときかもしれない』長田弘（ハルキ文庫『深呼吸の必要』収録）

バックミラーを見ているだけじゃ前には進めない

「ほうほう、きょうはまたひとり増えたんだね」

「うん。新聞づくりに欠かせない、新メンバー。イシダイくんっていうの」

サワラモトさんが元気に答える。

「もしかすると、おまつりの日にタコちゃんを助けたっていう、お兄ちゃんかい？」

「いや、助けたっていうか……はい」

ぼくたちが到着したとき、ヒトデはちいさな眼鏡をかけて、なにかの本を読んでいた。眼鏡の奥から覗き込む目が不気味だったのか、イシダイくんはすこし緊張している様子だった。

「それでアタシは、なにを占えばいいんだい？」

「占いはいいの。わたしたち、ヒトデさんにインタビューしたくて来たんだから。いろいろ質問するから、それに答えてくれるだけでオッケー」

「そんなわけにはいかないよ。これでもアタシは誇《ほこ》り高き占い師だ。占うこともしないで質問に答えるなんてできないね」

「――ねえ、タコジローくん」

不意に、イシダイくんがひそひそ声で耳打ちしてきた。

「占い師さんにぼくのこと、どれくらいしゃべった？」

「い、いや、ほとんどしゃべってないよ。くじらまつりのときに助けてもらったことと、あとは……それがきっかけでトビオくんたちに狙《ねら》われるようになったことくらい」

「それだけ？」

ぼくがうなずくと、イシダイくんは前に泳ぎ出て堂々と言った。

「じゃあ、ぼくのことを占ってください」

「アンタの、なにを占う？」

「なんでもいいです。こっちからはなにもヒントを出さないので、占い師さんのことを『本物だ』って思えるようななにかを言い当ててください」

「ほほう、そりゃおもしろいね。アタシの占いをテストしてやろう、ってわけかい」

「いや、それは――」と止めようとすると、イシダイくんは振り返って「しっ！」とぼくを制した。隣のサワラモトさんは、いかにもわくわくした表情で「いいじゃん、やらせてみようよ」となりゆきを見守っている。

「タコちゃん、心配することないよ。アタシの占いを疑ってかかる連中はたくさんいる。インチキ呼ばわりされるのも仕事のうちさ」

そう言ってヒトデは、水晶玉に手をかざした。水晶玉はじわじわと、ゆらめくような光を放ちはじめる。

「じゃあイシダイのお兄ちゃん、アンタの心のいちばん奥底に沈《しず》んでいる、でっかい荷物を引っぱり上げることにしよう」

「心に沈んでる荷物？」

ヒトデは、イシダイくんの質問に答えないまま目を閉じると、呪文を唱えはじめた。するといつものように、棚のなかから一冊が、ふわふわと降りてくる。

「ねえ、イシダイくん、どう？　あの本、光ってる？」

サワラモトさんの問いに、イシダイくんが答える。

「……う、うん。光ってる。浮かんでるし、光ってる」

「すごーっ！　わたしにはぜんぜん光って見えないよ！　これさ、イシダイくんの占いだから、イシダイくんにだけ光って見

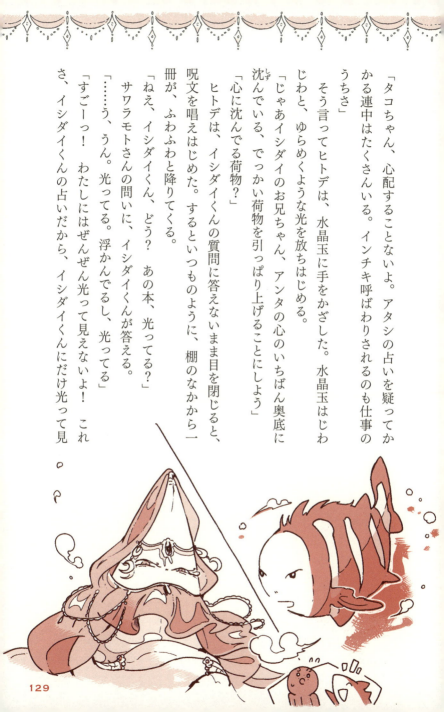

えるんだって」
本を摑んだヒトデは、開いたページを読み込んだ。ぼくやサワラモトさんを占ったときよりもすこしだけ、時間をかけて読んでいた気がする。
「これはまず、出てきたことばをそのままに読んだほうがよさそうだね」
そう言ってヒトデは読み上げた。

みなが認めたがらないことだが、疎遠になり、長期にわたって顔を合わせなければ、いかなる友情も損なわれる。会わずにいると、たとえ最愛の友であっても、月日の流れとともにいつしか抽象的に概念化されて涸《か》れてゆき、友に寄せる関心は、ますます単に分別に従ったしきたりめいたものになってゆく。心から湧き上がる生き生きした関心は、たとえそれがペットであっても、目の前にいるものに注がれる。

「つまり、こういうことだ」

『幸福について』ショーペンハウアー作／鈴木芳子訳（光文社古典新訳文庫）

ヒトデは本から顔を上げて続けた。

「長いあいだ顔を合わせずにいると、どんな親友だってつながりが薄まっていく。かたちだけのやりとりは続いても、生き生きとした関心は、目の前にいるものだけに注がれる。会えない者の友情に、永遠はない。どうだい？　なにか、心当たりはあるかい？」

「い、いや、それは――」

イシダイくんの友だちのことを、アプリでつながった前の学校の友だちのことを言っているんだ。ぼくにはそれが、すぐによくわかった。するとヒトデが、刺《さ》すようにぐさりと言った。

「アンタ、過去にしがみついて生きてるんじゃないのかい？」

イシダイくんは黙ったまま俯《うつむ》いている。

「たのしかった思い出とか、やさしかった仲間とか、いまみたいじゃなかった自分とか、そういうものにしがみついて、バックミラーばかり見てるんじゃないのかい？」

「……タコジローくん、前の中学のこと、話したの？」

振り返って、イシダイくんがぼくを睨む。

「いやいやいや、ぜんぜん！」

ぼくは懸命《けんめい》に首を振った。

「タコちゃんはなにも言っちゃいないよ。いいかい、たのしかった過去の思い出は、そりゃ美しいものかもしれない。大事にしてればいいさ。でも、アンタもわかってるんだろ？　自分が生きる場所は、ここにしかないんだし、バックミラーを見てるだけじゃ前に進めない、って」

あっ――。

突然に、ぼくは気づいた。

「これもシーシュポスだ！」

えっ？　と、イシダイくんが振り向く。

「イシダイくん、言ってたよね？　前の学校を転校することになったとき、リセットボタンを押されたみたいだったって。せっかくの関係が、ぜんぶ消えちゃった、って」

ぼくを見るイシダイくんが、おおきく目を見開いた。

「それってさ、ほとんどシーシュポスみたいなものじゃない？　だってイシダイくん、これからも毎年みたいに転校があるかもしれないんでしょ？　また何度もリセットされるかもしれないんでしょ？　それ、岩が落ちていくシーシュポスだよ！　あの本が必要だったの、ほんとうはイシダイくんなのかもしれないよ！」

すると本棚のなかから、もう一冊がふわふわと舞《ま》い降りてきた。もう何度となく見てきたあの本、『シーシュポスの神話』だ。イシダイくんは手に取ると、大慌《おおあわ》てでページを開いた。そこにヒトデが、やさしい声で呼びかける。

「――イシダイのお兄ちゃん。アンタ、いい友だちを持ってるじゃないか。たのしかった過去ばかり見ていないで、もっと目の前の友だちを見てもいいんじゃないかい？」

本棚には、ぼくの気持ちをわかる友だちがいる

「……ないんだよ。」

乱暴に本を閉じたイシダイくんが、隣のぼくにも聞き取れないくらいの声で言った。

「えっ？」

思わず聞き返すと、もうすこしおおきな声で続ける。

「わかるわけないんだよ、転校生の気持ち。何度も何度も転校して、ど

んなに仲良くなってもまた転校していかなきゃいけないぼくの気持ちなんて！」

するとヒトデは「それはそうかもしれないね」と微笑んだあと、サワラモトさんのほうを見た。

「さあ、図書委員さん、教えておくれ。アンタたちの学校の図書室には、いま何冊の本がある？」

「えっ？　えっと、去年の冬に一万冊を超《こ》えたって、なんかフェアをやってたけど」

「そのうち、『文学』の棚に入っている本は何冊くらいだい？」

「さあ……数えたことはないけど、本棚のスペースで言ったら三割くらい？　いや、わかんない。もうちょっとあるのかも」

「だったら、少なく見積もっても三千冊くらいの小説やエッセイ、詩集なんかがあるわけだ」

「たぶん……」

「じゃあ、イシダイのお兄ちゃん。アンタのクラスは、いま何人だい？」

「三十……何人か。三十六とか、それくらい」

「たった三十六人しかいないクラスメイトのなかから、なんとか友だちを探す。休み時間、放課後、修学旅行、文化祭、いろんな場面で遊ぶ友だちを、その三十六人のなかから探し出す。それがたのしい学校生活を送るうえでの基本ルールだ。当然、うまく友だちを見つけられなかったり、余っちまって、仲間はずれになったりもする。転校生だったら、なおさらそういうこともあるだろう」

ぼくはイカリくんと仲良くなる前の、一学期までの自分を思い出した。当時、ぼくには心から友だちだと思える友だちが、ひとりもいなかった。イシダイくんも、俯いたまま耳を傾《かたむ》けている。

「でも、アンタたちの図書室には一万冊以上の本が置いてある。文学だけで言っても、三千冊以上の本がある。図書室には、それだけたくさんの友だち候補がいる」

「友だち候補？」

「古今東西、いろんなところから集まってきた、選《え》りすぐりのメンバーだ。さすがにこれだけたくさんの候補がいたら、ほんとうの友だちも見つけられそうな気がしないかい？　アンタの気持ちをわかってくれる本も、あると思わないかい？」

「――転校生のことを書いた小説があるってこと？」

「もちろんそういう本もあるだろう。でもアンタに必要なのは、直接に転校生のことを書いた本じゃないのかもしれない。まったく別の話をしているのに『これは自分そのものだ』と思える本があるのかもしれない。それこそタコちゃんが、シーシュポスの本を必要としていたみたいにね」

イシダイくんからシーシュポスの本を受け取って、ヒトデは続けた。

「そしてなにより大切なのは、本という友だちには『別れ』がないことだ。この先アンタがどこに引越しようと、何回転校をくり返そうと、たとえ外国に住むことになろうと、本はどこにだって連れていくことができる。本という親友がいるかぎり、アンタはひとりぼっちじゃない」

ぼくは図書室の光景を思い出した。何千という本が、一万冊を超える本が、身を寄せ合うように並んでいた。なにも言わず、じっと息をひそめて、ぼくたちの会話に耳を傾けていた。あのなかに、ぼくの友だちがいる？

「本は……友だちなんかじゃないよ。だれかが書いた、ただのことばだよ」

懸命に抵抗《ていこう》するイシダイくんを包み込むように、ヒトデは言った。

「ああ、ただのことばだ。でも、アンタと同じくらいのさみしさを抱えた作者が、だれかとつながろうとして書いたことばだ。だから本は、アンタが手に取ってくれるのを待っている。アンタとつながることを待っている。さみしいのはアンタだけじゃない。それは本も一緒なのさ」

ゲームと本はどこが違う？

「——ぼくはだまされないよ」

イシダイくんが吐き捨てるように言った。

「本が友だちだなんて、そんなのなんでも言えるじゃん。そりゃヒトデさんは本を推《お》したいのかもしれないけど、『ピアノは友だち』でも、『映画は友だち』でも、なんでもオッケーじゃん。それで言ったらぼくの友だちはゲームだよ」

「アンタ、ゲームが好きなのかい？」

「悪い？」

「そんなことないさ。アタシも好きだよ。最近はずいぶんやってないけど、むかしはそれこそ寝る間も惜《お》しんでやってたもんさ」

「そうなの？」

隣で聞いていて、ぼくもびっくりした。ゲームに夢中なヒトデの姿なんて、想像もつかない。

「本だろうとゲームだろうと、好きなものに優劣《ゆうれつ》はない。本が偉《えら》いわけでもないし、ゲームにはゲームならではのおもしろさがあるしね」

「たとえば、どんな？」

「ゲームってのは、アンタ自身が主人公になれる遊びだ。右に進むも、左に進むも、すべてがアンタの自由。このボタンを押せばジャンプして、こっちのボタンを押せばパンチを打つ。それがゲームだ。だから自分がその世界を冒険しているような気持ちになれるし、敵に殴られたら自分がやられたような気持ちになる」

「わかる！」

思わずぼくは口を挟《はさ》んだ。

「ロールプレイングとか格ゲーとかはとくにそう！　なんかさ、やってるうちに自分が強くなったような気持ちになっていくんだよね。実際、ゲームのなかでは強くなってるんだし」

ヒトデはうなずいて続ける。

「じゃあ、小説はどうか。小説の主人公は、アンタじゃない。そこにはだれか別の主人公がいて、アンタはその主人公を背中越しに眺めるだけだ。どんなに自分とよく似た主人公だったとしても、やっぱり自分じゃない」

「それで言ったらゲームだって、剣を振り回す勇者が主人公だったりするよ？　ぜんぜんぼくと違うよ」

「でも、タコちゃんの思いどおりに動いてくれるだろ？　それにくらべて小説の主人公ってのは、ぜったいに『自分の思うとおりに動いてくれない』ものなんだよ」

「どういうこと？」

「アンタがどれだけ強く『こっちに行ってくれ！』と思っても、主人公は別の場所に行く。『それをやっちゃダメだ！』と思うようなことにかぎって、やってしまう。見守るアンタ

は、ハラハラドキドキさ。なにしろ小説に出てくる連中ってのは、大抵ロクでもないことをやらかすもんだからね」

ヒトデはゆかいそうに笑った。

たしかに、読書感想文とかの課題で本を読んでいると、主人公のやることにびっくりすることがある。ぼくだったらぜったいに言えないようなことを言ったり、危険のなかに飛び込んでいったり、だれかと大ゲンカをしたり、いろいろだ。

「でもね、タコちゃん。本を読むときには、その『思いどおりのならなさ』がスリルだったり、おもしろさだったりするんだ。こっちの願いとはぜんぜん違う方向に進んでいくおかげで、アンタを思いもかけない場所に連れていってくれるんだからね」

「――だけどぼくたちには、見守ることしかできない」

イシダイくんのつぶやきに、ヒトデが「そう」と、うなずいて言った。

「――ゲームは『する』もの。そして小説は見守っているうちにどこかへ『連れていかれる』もの。すくなくともアタシの感覚で言えば、自分の部屋で『読む』ものじゃないね」

隣でサワラモトさんが、懸命にメモを取っていた。

なぜ本の世界に入っていけないのか

「じゃあさ、わたしからの質問、いい？」

サワラモトさんは、記者会見みたいに手を挙げて言う。

「たしかにおもしろい小説はあると思うよ。でもさ、そういう本って、ちょーレアキャラじゃない？　わたし、図書新聞つくってるでしょ？　その関係で読まなきゃいけない小説もあるんだけど、いつも本からはじき出されるような感じがするんだ。こう、本の前に怖い顔した門番が待ちかまえていて、『入場お断り！』って追い返されてるみたいなさ」

「追い返されるって、たとえば？」

「たとえば……それ！　ちょっと借りるよ？」

サワラモトさんは屋台のカウンターを越えると、ヒトデの本棚から一冊の本を取り出した。

「この本さ、ちょうど先月の『わたしの一冊』コーナーでエ

ビグルマ先生が紹介したんだけど、正直わたし、三ページも読めなかったもん」

サワラモトさんは、うんざりした顔でイシダイくんに本を投げ渡した。横から覗き見た本の冒頭は、こんな感じだった。

アレクセイ・フョードロウィチ・カラマーゾフは、今からちょうど十三年前、悲劇的な謎《なぞ》の死をとげて当時たいそう有名になった（いや、今でもまだ人々の口にのぼる）この郡の地主、フョードル・パーヴロウィチ・カラマーゾフの三男であった。この悲劇的な死に関しては、いずれしかるべき個所でお話しすることにする。今はこの《地主》について（生涯ほとんど自分の領地で暮したことがなかったのに、彼はこの辺では地主と呼ばれていた）、彼が奇妙な、そのくせかなりしばしば出くわすタイプ、つまり、およそ俗物で女にだらしがないばかりか、同時に常識はずれの、ただ常識はずれと言っても自分の財産上の問題を処理するうえでは大いにやり手で、それだけしか能がないといった感じのするタイプの人間だった、と言うだけにとどめておこう。

『カラマーゾフの兄弟　上』ドストエフスキー作／原卓也訳（新潮文庫）

「しかもこの本さ、上・中・下って三冊もあるんだよ？　その一冊目のはじまりでいきなりフョードロウィチとかパーヴロウィチとか、ごちゃごちゃした名前を出されて、これで最後まで読んでみようと思える？　どう？　イシダイくんみたいにかしこかったら、こんなのも簡単なの？」

「……うーん。なんていうか、すっごく独特な感じ」

ふたりの会話を聞いて、ヒトデが笑いをかみ殺すような顔をしている。

「ね？　小説って、たくさんキャラが出てくるし、国とか設定もいろいろだし、憶えることが多くて大変じゃん。だからヒトデさんさ、『本を友だちにしろ』とかって言うんだったら、まずは小説の読みかたから教えてよ。そうじゃないと、三千冊のなかから友だちなんて、見つけられないよ」

「なるほど――たしかに一理ある話だ。しかしアンタの先生はまた、面倒くさい本を選んでくれたもんだね。まあ、アタシも大好きな本だけどさ」

そう笑ってヒトデは、うしろの本棚から別の本を取り出すと、むかし話をはじめるように語り出した。

本を口パクしながら読んでみよう

「――むかしむかし、アンタたちのおじいさんやおばあさんが生まれるよりもずっと前の、何百年もむかしの話。当時の世のなかには文字の読み書きができる子なんて、ほとんどいなかった。いや、おとなだって読み書きができなかった。なにしろ、まともな学校ってものがなかったからね。学校ができて、子どものうちから勉強をして、みんなが読み書きできるようになったのは、わりと最近の話だ」

社会科とか歴史とかの授業で、そういう話は聞いたことがある。むかしは子どものうちから家の仕事を手伝っていたらしい。

「でも不思議だと思わないかい？　みんなまともに読み書きができなかったはずなのに、むかし話とか、神話とか、伝説とかはたくさん残ってる。文字にならない物語が残っている。この町の、くじらの大神さまだってそうさ。そういう話は、どうやって受け継《つ》がれてきたんだと思う？」

「そりゃあ、しゃべって聞かせたんじゃない？　よくわかんないけど、マンガとかでもよくあるじゃん。長老がみんなに村の伝説を語る場面とか」

　サワラモトさんが当たり前のように言う。

「そのとおり。アタシらにとってのお話は、そしてことばは、もともと『聴《き》くもの』としてはじまったんだ。最初から『読むもの』だったわけじゃない。ちいさな子どもだって、そうだろ？」

「うん。うちの図書委員も、近くの小学校に行って読み聞かせをやってる。やんちゃな一年生ばかりだけど、いざ読み聞かせをはじめたら、みんな真剣に聞いてくれるよ」

「さて。アンタはいま、本を手にしている。本を開いて、そこに書かれた文字を読もうとしている。だけどね、文字は文字だ。ただの記号だ。耳で聴くことばとは、わけが違う。文字は『ことば』じゃないんだからね」

「どういう意味？」

「ほら、数学の記号を思い出してごらん。プラスとかマイナスとかイコールとか、あとはルートとか、いろんな記号があるだろ？　あれは『ことば』だと言えるかい？」

「ううん、ことばじゃない。なんていうか……ただの記号。赤信号の『止まれ』とか青信号の『進め』みたいな、ただの記号」

「それは文字も同じなんだ。そりゃ、読み慣れてくると文字も、ことばそのものみたいに思えてくる。おとなはみんな、文字のことをことばだと思っている。でも、文字は文字でしかないし、音や意味を与えられた、ひとつの記号に過ぎないのさ」

「だから本を読むのは面倒くさいの？」

「慣れるまではね」

「じゃあどうしたらいいってのよ。みんな慣れるまでがんばれ、って話？」

「いいかい、本の世界に入りたかったら、最初の一ページを、声に出して読んでみるんだ。つまり、『目で文字を読む』をやめて、身体にことばを響かせるんだ。ちょうど、自分で自分に読み聞かせをするようにね」

「自分に読み聞かせ？」

「ああ。そうするとね、まわりの音も聞こえなくなるし、すーっと本の世界に入っていけるもんだよ。そしていつの間にか声に出すのも忘れて、本の世界を旅しているはずさ。どうだい、試《ため》しにひとつ、この本でやってみるかい？」

そう言ってヒトデは、サワラモトさんに一冊の本を手渡した。一瞬迷ったように表情を曇《くも》らせたサワラモトさんは、その本をぼくに押しつけた。

「タコジローくん、やってみて」

「えっ？」

「わたし、メモを取らなきゃいけないから、タコジローくんがやって。それでやってみた正直な感想を聞かせて。たぶん、タコジローくんはウソつかないと思うから」

「そ、そんな、いやだよ！　だってこんなの、国語の授業で当てられるのと一緒だもん。授業中にみんなの前で読んで、まともに読めたことなんてないよ」

するとヒトデが、にやにやしながら言った。

「――じゃあ、タコちゃん。アタシからひとつアドバイスだ。今回は声に出さず、口パクでやってみよう」

「口パク？」

「ああ。口をパクパク動かすだけで読むんだ。ちょうど声のボリュームを〇・〇一まで落とす感覚でね。そうすればだれにも聞こえないし、うまく読もうとしなくていい。自分のペースで、しかも身体に響かせながら読むことができる。これはバスのなかとか図書館とか、声を出せない状況《じょうきょう》のときにも使えるウラ技《わざ》だよ」

「それでなにか変わるの？」

「論より証拠《しょうこ》。だまされたと思ってやってごらん」

ぼくは仕方なく、最初のページを開いて口をパクパクさせながら読んでいった。そのはじまりは、こんな文章だった。

森の匂いがした。秋の、夜に近い時間の森。風が木々を揺らし、ざわざわと葉の鳴る音がする。夜になりかける時間の、森の匂い。

問題は、近くに森などないことだ。乾いた秋の匂いをかいだのに、薄闇が下りてくる気配まで感じたのに、僕は高校の体育館の隅に立っていた。放課後の、ひとけのない体育館に、ただの案内役の一生徒としてぽつんと立っていた。

目の前に大きな黒いピアノがあった。大きな、黒い、ピアノ、のはずだ。ピアノの蓋が開いていて、そばに男の人が立っていた。何も言えずにいる僕を、その人はちらりと見た。その人が鍵盤をいくつか叩くと、蓋の開いた森から、また木々の揺れる匂いがした。夜が少し進んだ。僕は十七歳だった。

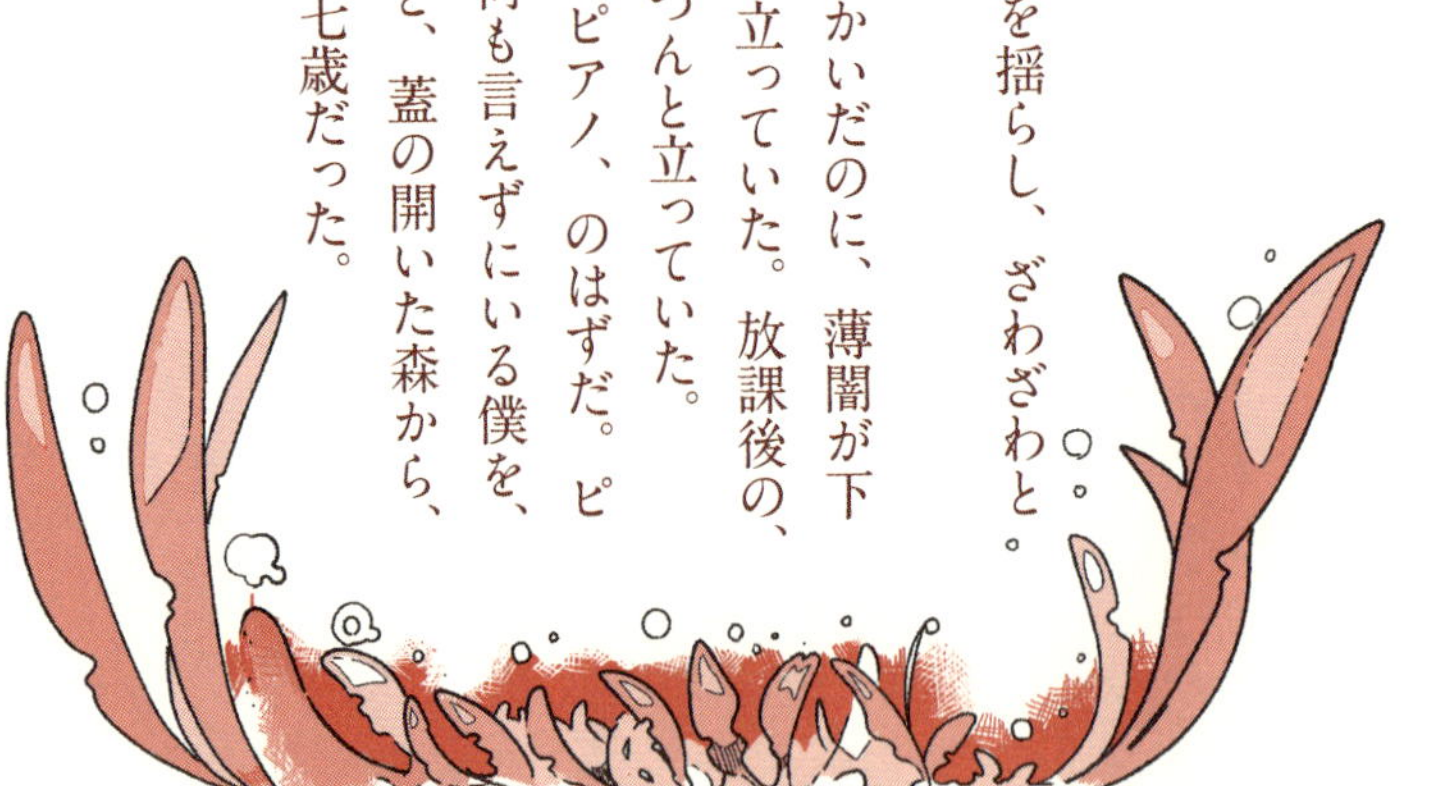

『羊と鋼の森』宮下奈都（文春文庫）

「よし、そこでストップ！」

ちょうど次のページをめくろうとしたところで、ヒトデが声をかけた。もしも声がかからなければ、ぼくはそのままずっと先まで読んでいたと思う。本の世界に、いつの間にか入り込んでいたと思う。

「どうだった？」

横からサワラモトさんが目を輝かせて訊ねる。その奥にいるイシダイくんも、ちょっと前のめりになっていた。

「……読めた」

ぼくはつぶやいた。

「読めたって、どんなふうに？」

「……すごく、自然だった」

「自然？　もっと具体的に言ってよ！」

「なんていうか、本が、扉を開けてそこにいるっていうか、本の世界にすうっと入っていけるっていうか。そして気がついたら本のなかにいた、って感じ」

この感覚はなにに似ているんだろう――。ぼくは考えた。「日記を書くとき、『これはなにに似ているのか』を考えるとたくさんのことが見えてくるよ」と以前、ヤドカリのおじさんに教わったからだ。

「……自転車、かな？」

ぼくはつぶやいた。

「そうだ、はじめて自転車に乗れたときの感じだよ！　うしろで支えていてくれたお父さんが知らないあいだに手を離して、だけどぼくはそれに気づかなくって、いつの間にか自分ひとりで乗れたとき、あの感覚！」

ヒトデは、満足げにうなずいた。

「なるほど、自転車ってのはおもしろいたとえだね。たしかに本も一度読めるようになったら、もう二度と転んだりせず、どこまでも進んでいける。乗りかたを憶えるまでは不安定で、すぐに足をついちまうかもしれないけどね」

「ちょっとちょっと、わたしにも貸してよ！」

サワラモトさんは本を奪い取って「しっ！」とぼくたちを黙らせると、自分でも口をパクパクさせながら読みはじめた。

ぼくがあきれたように笑うと、ヒトデも「まあまあ、読ませてあげよう」という顔をして一緒に笑っていた。

好き嫌いは「最初の一行」で決まる

「ねえ、ヒトデさん！」

最初の一ページを読み終えたサワラモトさんが顔を上げた。

「この本、わたしに貸して！　続きを読まないとかありえないし、この本だったら読めそうな気がする！」

「おやまあ、タコちゃんに読ませるんじゃなかったのかい？」

「タコジローくん、わたしが先に読んでもいいよね？　わたし、読み終わったらそのまま貸すから」

「う、うん。ぼくは別に」

するとイシダイくんが「……さっきのサワラモトさんの質問だけどさ」と、横から冷静な声で割って入った。

「まだヒトデさん、半分しか答えてくれてないと思うんだ。そりゃ、声に出して読むのもいいけどさ、たとえば図書室に三千冊の小説があったとして、それを一冊ずつ音読していくの？　そうやって『友だち』を探せって言ってるの？　それだったらぼく、とても卒業までに見つけられそうにないよ」

「なるほど、たしかにそっちの質問には答えてなかったね」

するとヒトデは、カウンターの下からへんな棒を取り出した。棒の先に、ちいさな水晶玉みたいな石がついている。

「なに？　その棒」

「目を凝《こ》らして、よーく見ておきな。とっておきの占いでしか使わない、特別な魔法の杖《つえ》さ。——せーの、ホイッ!!」

そう言ってヒトデは、本棚に向けて杖を振った。

「わぁぁぁー!!」

サワラモトさんが興奮気味に叫んだ。ヒトデが振った杖の先から、キラキラした光の粒が本に降りかかった。すると本棚じゅうの本からふわふわと、数えきれないほどたくさんの、光る文字が浮かび上がってきたのだ。

「すごーい、なにこれ！　どうしちゃったの!?」

サワラモトさんはぴょんぴょん飛び跳《は》ねながら喜んでいる。ぼくとイシダイくんは、あっけにとられて声も出なかった。

「それじゃあもうひとつ、ホイッ!!」

得意気な顔でヒトデは叫んで、今度はぼくたちのほうをめがけて杖を振った。

「きゃあ!!」

光の文字を投げつけられたぼくたちは思わずしゃがみ込んだ。

「ちょっと、なにすんのよ!」

立ち上がって怒るサワラモトさんに、ヒトデが言った。

「さあ、うしろを見てごらん」

振り返るとそこには、たくさんの光ることばたちが並んでいた。

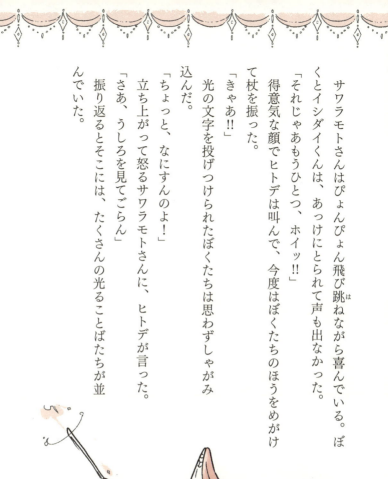

今、何か言った気がする。
04

私《わたくし》はその人を常に先生と呼んでいた。
01

以前暮らしていた場所のことを、何かにつけふと思い出す。
07

ふたりでは、会わないようにしていた。
02

いつもどおりの朝になるはずだった。
08

ものうさと甘さが胸から離れないこの見知らぬ感情に、悲しみという重々しくも美しい名前をつけるのを、わたしはためらう。
03

小中学校時代の女友達が、自殺未遂をして入院していると噂に聞いたので、興味本位で見舞いに行くことにした。

09

選択肢は三つに絞られた。
06

これは私のお話ではなく、彼女のお話である。
05

---

01 『こころ』夏目漱石（角川文庫）
02 『白いしるし』西加奈子（新潮文庫）
03 『悲しみよ こんにちは』フランソワーズ・サガン作／河野万里子訳（新潮文庫）
04 『1983年のほたる』西川美和（ポプラ文庫『きのうの神さま』収録）
05 『夜は短し歩けよ乙女』森見登美彦（角川文庫）
06 『ニッポニアニッポン』阿部和重（講談社文庫『ＩＰ／ＮＮ』収録）
07 『ティファニーで朝食を』トルーマン・カポーティ作／村上春樹訳（新潮文庫）
08 『カンガルー・ノート』安部公房（新潮文庫）
09 『憤死』綿矢りさ（河出文庫『憤死』収録）

白く凍った海の中に沈んでいく
くじらを見たことがあるだろうか。
11

はじめてお店に並んだとき、
ローザとわたしに与えられた場所は
店央《てんおう》の雑誌台側でした。
14

西の魔女が死んだ。
17

この世界がきみのために
存在すると思ってはいけない。
16

それは人類がはじめて月を歩いた夏だった。
12

たとえば、
街を歩くとします。
13

幸せな家族はどれもみな同じよう
にみえるが、不幸な家族には
それぞれの不幸の形がある。
10

四月が終わりかけるある日、ふで箱を
あけてみると鉛筆と鉛筆のあいだに立
つようにして、小さく折りたたまれた
紙が入っていた。
15

---

10 『アンナ・カレーニナ　1』トルストイ作／望月哲男訳（光文社古典新訳文庫）
11 『凍りのくじら』辻村深月（講談社文庫）
12 『ムーン・パレス』ポール・オースター作／柴田元幸訳（新潮文庫）
13 『正欲』朝井リョウ（新潮文庫）
14 『クララとお日さま』カズオ・イシグロ作／土屋政雄訳（ハヤカワepi文庫）
15 『ヘヴン』川上未映子（講談社文庫）
16 『スティル・ライフ』池澤夏樹（中公文庫）
17 『西の魔女が死んだ』梨木香歩（新潮文庫）

ピンを捜しているうちに偶然に
金貨をみつけた幸運な男がいるとすれば、
それは、まさしくぼくの親友、
ジバーン教授だろう。
18

僕らの口は
ポカンと開いていた。
19

シャーロック・ホームズは彼女《かのじょ》のことを
いつでも「あの女《ひと》」とだけいう。
20

大学の講義は十二分遅れて始まり
十二分早く終るのが常識とされている。
21

そのニュースは地球の裏側にある、
一度聞いただけではとても発音
できそうにない込み入った
名前の村からもたらされた。
22

もう終わりにしようと
思ってる。
23

遠くから、この街が、
ゆっくりと膨《ふく》れていく
音が聞こえる。
24

むかしむかし―おとぎ話というものは
決まってこのように始まるものですが
―あるところに、
母親をなくした少年がいました。
25

---

18 『新加速剤』 H・G・ウエルズ作／橋本槇矩訳（岩波文庫『タイム・マシン他九篇』収録）
19 『線は、僕を描く』 砥上裕將（講談社文庫）
20 『ボヘミアの醜聞』コナン・ドイル作／延原謙訳（新潮文庫『シャーロック・ホームズの冒険』収録）
21 『文学部唯野教授』 筒井康隆（岩波現代文庫）
22 『人質の朗読会』 小川洋子（中公文庫）
23 『もう終わりにしよう。』 イアン・リード作／坂本あおい訳（ハヤカワ・ミステリ文庫）
24 『しろいろの街の、その骨の体温の』 村田沙耶香（朝日文庫）
25 『失われたものたちの本』 ジョン・コナリー作／田内志文訳（創元推理文庫）

26 『麦の海に沈む果実』恩田陸（講談社文庫）
27 『老人と海』ヘミングウェイ作／高見浩訳（新潮文庫）
28 『きみの友だち』重松清（新潮文庫）
29 『夢みる宝石』シオドア・スタージョン作／川野太郎訳（ちくま文庫）
30 『キッチン』吉本ばなな（新潮文庫）
31 『何かが道をやってくる』レイ・ブラッドベリ作／中村融訳（創元ＳＦ文庫）
32 『怒り』吉田修一（中公文庫）

33 『月と六ペンス』モーム作／土屋政雄訳（光文社古典新訳文庫）
34 『重力ピエロ』伊坂幸太郎（新潮文庫）
35 『ダス・ゲマイネ』太宰治（新潮文庫『走れメロス』収録）
36 『また、同じ夢を見ていた』住野よる（双葉文庫）
37 『オリバー・ツイスト』ディケンズ作／唐戸信嘉訳（光文社古典新訳文庫）
38 『翼をください』原田マハ（角川文庫）
39 『異邦人』カミュ作／窪田啓作訳（新潮文庫）

父さんが熊《くま》を買ったその夏、ぼくたちは
まだ誰《だれ》も生まれていなかった―
種さえも宿されてはいなかった。
43

裏《うら》の戸口のところにひとりで立っていたトムが、
もし涙《なみだ》のながれるのをぬぐおうともしないで
いたとすれば、それはくやし涙だった。
40

標的はこれまで
二度だけその姿を現わした。
45

部屋の中は窓も入り口の扉もしめきられて
いるのに奇妙に寒くて、このままにしていると
ぼくの体のなにからなにまで凍えてしまう
気がした。
42

永いあいだ、
私は自分が生れたときの光景を
見たことがあると言い張っていた。
41

どこか深いところから
ゆっくりと浮かび上がるように、
彼は意識を取り戻しかけていた。
44

『トム・ソーヤーの冒険《ぼうけん》』という本を
読んだことのない人は、
ぼくのことは知らないだろう。
46

40 『トムは真夜中の庭で　上』フィリパ・ピアス作／高杉一郎訳（岩波少年文庫）
41 『仮面の告白』三島由紀夫（新潮文庫）
42 『十九歳の地図』中上健次（河出文庫『十九歳の地図』収録））
43 『ホテル・ニューハンプシャー　上』ジョン・アーヴィング作／中野圭二訳（新潮文庫）
44 『星を継ぐもの』ジェイムズ・P・ホーガン作／池央耿訳（創元ＳＦ文庫）
45 『猛き箱舟　上』船戸与一（集英社文庫）
46 『ハックルベリー・フィンの冒険　上』マーク・トウェイン作／千葉茂樹訳（岩波少年文庫）

悲しみは 川の流れに
似てるって、
あたしは思うの。

47

三年生の先輩たち五人が
引退した放送室は、 その倍の人数が
去ったのではないかと思うほど
静かになった。

48

お前たちが大きくなって、一人前の人間に育ち上った時、
―その時までお前たちのパパは 生きているかいないか、
それは分らない事だが―父の書き残したものを繰拡《くりひろ》げ
て見る機会があるだろうと思う。

49

湿地は、沼地とは違う。

50

壁にかかった一枚の絵の前に、
わたしは立つ。

51

新しい教室の窓際《まどぎわ》の席からは、
空《から》のプールがよく見える。

52

森の夜の闇と寒さの中で眼を醒ますと
彼はいつも 手を伸ばしてかたわらで
眠る子供に触れた。

53

ぼくはついに しびれを切らし、
人生という大舞台に一歩踏みだした
ころのこの話を書きとめることにした。

54

47 『無花果とムーン』 桜庭一樹 (角川文庫)
48 『ドキュメント』 湊かなえ (角川文庫)
49 『小さき者へ』 有島武郎 (新潮文庫『小さき者へ・生れ出づる悩み』収録)
50 『ザリガニの鳴くところ』 ディーリア・オーエンズ作/友廣純訳 (ハヤカワ文庫NV)
51 『赤と青とエスキース』 青山美智子 (PHP文芸文庫)
52 『本屋さんのダイアナ』 柚木麻子 (新潮文庫)
53 『ザ・ロード』 コーマック・マッカーシー作/黒原敏行訳 (ハヤカワepi文庫)
54 『未成年 1』 ドストエフスキー作/亀山郁夫訳 (光文社古典新訳文庫)

わたしをジョーナと
呼んでいただこう。

55

俺は二十七年前、
造船所の正門の向かいにある
ペットショップで生まれた。

56

実際のところ、
私はすでにこれを
持てあましている。

57

弁護士のアタスン氏は、
岩を削ったような顔立ちで、
その顔に明るい笑みが
さすことはついぞなかった。

58

みなさんは「ホルモー」
という言葉をご存じか。

59

ある朝、不安な夢から目を覚ますと、
グレーゴル・ザムザは、
自分がベッドのなかで馬鹿でかい虫に
変わっているのに気がついた。

60

死んでから
もうずいぶんになる。

61

よくいるかホテルの夢を見る。

62

---

55 『猫のゆりかご』カート・ヴォネガット・ジュニア作／伊藤典夫訳（ハヤカワ文庫）
56 『愛と幻想のファシズム　上』村上龍（講談社文庫）
57 『骨片』三浦しをん（新潮文庫『きみはポラリス』収録）
58 『ジーキル博士とハイド氏』スティーヴンスン作／村上博基訳（光文社古典新訳文庫）
59 『鴨川ホルモー』万城目学（角川文庫）
60 『変身』カフカ作／丘沢静也訳（光文社古典新訳文庫『変身／掟の前で他２編』収録）
61 『百年』川上弘美（文春文庫『溺レる』収録）
62 『ダンス・ダンス・ダンス　上』村上春樹（講談社文庫）

「ちょっとちょっと！　なにこれ⁉」

サワラモトさんをなだめるように、ヒトデが言う。

「いま、この本棚から引っぱり出した、いろんな小説の一行目さ」

「一行目？　これがぜんぶ？」

「そう。まあ、ざっと目を通してみてごらん。こうやって読みくらべると、なかなかおもしろいもんだよ」

たしかに、短い文章ばかりだけど、それぞれにぜんぜん違う。

――いや、よく読むと、なんとなく似ているやつもある。たとえば「西の魔女が死んだ」という一行目と「きょう、ママンが死んだ」という一行目は、親子みたいにそっくりだ。そうかと思えば「死んでからもうずいぶんになる」なんて、ぎょっとする一行目もある。ぼくたちはじっくりと時間をかけて読んでいった。

「へええ、おもしろーい。ねえ、タコジローくんはどれが好き？」

「うーん」

迷いながらもぼくは、ひとつ選ぶ。

「ぱっと見て気になるのはやっぱり『死んでからもうずいぶんになる』ってやつかなあ。

これ、きっと自分が死んでる、ってことだよね？　あとは『春が二階から落ちてきた』ってやつも、おもしろそう。サワラモトさんはどれ？」

「わたし？　えーっ、わたしはそうだなあ。この『みなさんは「ホルモー」という言葉をご存じか』かな。いきなり何事？　って感じで、ちょっと笑っちゃった。ねえねえ、じゃあイシダイくんは？」

「ぼくはもう、断然『選択肢は三つに絞られた』ってやつ。いきなりドスン、と核心《かくしん》に迫《せま》る感じがしてカッコイイ」

ヒトデは、ゴホンッと咳払《せきばら》いをして言った。

「おもしろいもんで、たった一行だけでも、これだけ好みが分かれる」

うん、とぼくたちはうなずく。
「好みが分かれるってことは、アンタたちがそれぞれの文のなかに、なにかを見たり感じたりしたというわけだ」
そうだ。正直ぼくは、もっとみんなの「好き」とか「おもしろそう」が一致《いっち》するものだと思っていた。サワラモトさんが選んだやつも、イシダイくんが選んだやつも、ぼくにしてみれば「それでいいの？」って感じの文章だ。

「でもさ、アンタたちはなにを見たり感じたりしたんだろうね？　だって、この一行を読んだところで、主人公のことも、本のあらすじも、なんにもわかんないだろ？」
「そう言われたらそうなんだけど……でも、なんとなくパッと見の第一印象ってあるじゃん。なんかわかんないけどこれ好きだな、っていう」
サワラモトさんのことばに、ヒトデが強く同意した。
「そのとおり。本を探すときにはね、どんなにかしこい理屈よりも、第一印象が大切なんだ」

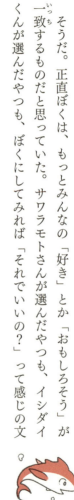

目の第一印象と、心の第一印象

「第一印象が？」

サワラモトさんが聞いた。

「そうさ。そして第一印象にはふたつの段階がある」

「ふたつもあったら、第一印象じゃないじゃん」

「まあ、そんなこと言わないで最後まで聞きな。まずひとつ目が、タイトルと表紙のデザインだ。たとえばこの本」

ヒトデは本棚からあたらしい本を取り出した。タイトルは『わたしを離さないで』。表紙には、くすんだカセットテープの絵が描かれている。

「さあ、お姉ちゃん。アンタはこのタイトル、どう思う？」

「どう、って言われても……まあ、好きな感じ。なんか、すこしさみしそうなタイトルだけど、好き」

「このことばが、部屋のどこかに置いてあると想像してごらん。どうだい？　毎日一緒にいたいと思えるタイトルかい？」

「うん、悪くない。本棚のなかでも机の上でも、いい感じに馴染みそう」

「じゃあ、このデザインはどうだい？　カセットテープの絵が描いてあるね？」

「うーん。音楽の話なのかな？　でも好きだよ。やっぱりちょっとさみしい感じがして、タイトルと合ってる」

「いいね。すごくいい。本屋さんで、あるいは図書館で本を見つけたとき、アンタたちはほんの一瞬でいま言ったようなことを考える。そして手に取るかどうかを決める。これは『目』で感じる第一印象だ」

「目の第一印象？　パッと見の印象ってこと？」

「まあ、そんなもんさ。じゃあ次、本を開いて最初のページを読んでみてごらん」

サワラモトさんはページを開くと、言われるままに読み上げた。

わたしの名前はキャシー・H。いま三十一歳で、介護人をもう十一年以上やっています。ずいぶん長く、と思われるでしょう。確かに。でも、あと八カ月、今年の終わりまではつづけてほしいと言われていて、そうすると、ほぼ十二年きっかり働くことになります。ほんとうに長く勤めさせてもらったものです。わたしの仕事ぶりが優秀だったから？　さあ、それはどうでしょうか。


「よし、そのへんで十分だろう。どうだい？　読んでみた感想は」

「うーん、好きだよ。なんかこう、静かで落ち着いてる感じがするよね。これってなにかのインタビューに答えてるところなのかな？　波のおだやかな海に浮かんでるみたいな感じがあって、これだったら読めそう」

「なるほど、とてもいい感想だ。だけどまだ、どんな物語なのかはわからないよね？」

「うん。なんにも」

「それでもアンタは『いい』と思った。この文章を、そこに脈打つリズムを、心地《ここち》よく感じた。――これは『心』の第一印象だ」

「心？」


『わたしを離さないで』カズオ・イシグロ作／土屋政雄訳（ハヤカワepi文庫）

「そう。本ってのはね、タイトルや表紙のデザインを『見る』ところからはじまる。そしてなにか胸に響くものがあったら、次に『読む』段階に入る。まあ、最初の何行とか、せいぜい最初の何ページだ。でも、その『見る』と『読む』の第一印象が、意外と当たったりするものでね。その本を読むのか読まないのかは、ほとんどここで決めちまってかまわないのさ」

本は「読み」に行かないと読むことができない

「――さて。そろそろ店じまいの時間だ」

ヒトデがそう言うと、うしろの壁《かべ》に並んでいた文字が消えた。

「えーっ？　もうおわり？」

しばらくメモを忘れていたサワラモトさんが、あわててペンを取りなおした。

「ああ。アタシも魔法を使いすぎて、疲《つか》れちまったよ。アンタたちも疲れたんじゃないかい？」

「わたしはぜんぜん！　まだ何時間でもだいじょうぶ！」

「まったく、年寄りをこき使わないでおくれ」

「じゃあ、また話を聞かせてくれる？」

「きょうみたいな話だったら、いつでも大歓迎《だいかんげい》だよ。さあ、これを持っていきな」

ヒトデは、ぼくとサワラモトさんに朗読させたあの小説をみんなに配った。

「いいかい？　この本は宿題として渡すんじゃないからね。アタシが渡したくて渡しているだけだ。最初のページを開いて、合わないと思ったらそのまま閉じてかまわない。読んだ感想も、聞かせてくれなくていい」

「ちょっとー。どうしてそんなやる気を削《そ》ぐような言いかたするの？　わたし、せっかく読むのをたのしみにしてるのに」

するとヒトデは、うしろの本棚から別の一冊を取り出した。

「アンタも図書委員なら憶えておきな。アタシたちはみんな、本を渡すことはできても、読書を渡すことはできないのさ」

「はっ？」

そのままヒトデが読み上げたのは、こんな文章だった。

本は与えられても、読書は与えられない。読書は限りなく能動的で、創造的な作業だからだ。自分で本を選び、ページを開き、文字を追って頭の中に世界を構築し、その世界に対する評価を自分で決めなければならない。それは、群れることに慣れた頭には少々つらい。

「ノー、ドー、的？」と、サワラモトさんが首を傾げた。

「ああ。その反対にあるのが受動的、つまり受け身な態度のことだ。たとえばテレビを見るとき、アンタたちはそれほど頭を働かせる必要がない。流れる映像を見て、音や声を聞いていれば、それだけでぼんやり内容を理解することができる」

「うん。ごはん食べながら見たりね」

「つまり、受け身でいてもだいじょうぶってことだ。ところが本を読むとなったら、受け身のままじゃダメだ。本は、アンタが『読み』に行ってようやく、内容を理解することができる。自分が読もうとしないかぎり、本は活字の羅列《られつ》にすぎない」

「それが、能動的な作業ってこと？」

『小説以外』恩田陸（新潮文庫）

「そうだ。自分から読みに行って、書かれた文字を頼りに、自分の頭のなかで世界をつくり上げていく。だれの助けも借りず、たったひとりでね。それが読書のおもしろいところであり、むずかしいところだ。本を渡すことはできるけど、読書を渡すことはできない」

ぼくは、自分が本を読むのが苦手な理由が、すこしだけわかった気がした。

テレビを見たり、シェルフォンでシーチューブの動画を見たりするときは、あまりなにも考えなくていい。目を離してもいいし、だれかとしゃべりながらでも理解できる。でも、本だとそれができない。ほんとうに本を読もうとしたら、ひとりになって、読むことだけに集中しないといけない。そうだ、本を読むときのぼくたちは、どうしようもなくひとりになるんだ。

「でもね」

と、ヒトデはぼくたちを見回して言った。

「いま読んだ文章は、こんなふうに続いているんだ」

しかし、読書が素晴らしいのはそこから先だ。独りで本と向き合い、自分が何者か考え始めた時から、読者は世界と繫《つな》がることができる。孤独であるということは、誰とでも出会えるということなのだ。

「真剣に本を読もうとしたら、全神経を本に集中させる必要がある。まわりの景色も見えず、雑音も聞こえない、深い深い意識の底へと潜《もぐ》っていくことになるわけだ。でもね、そういうだれとも群れない『たったひとりの自分』になったとき、世界とつながる本の扉が開くのさ」

「――本の扉？」

「ああ。たとえ学校の図書室にいたとしても、さみしい夜のベッドの上にいたとしても、本の向こうには果てしのない世界が広がっている。アンタたちに、その扉を開く勇気があるんならね」

それだけを言い残すとヒトデは屋台の照明を落とし、また岩のように固まって動かなくなった。

『小説以外』恩田陸（新潮文庫）

ウソと秘密は違うもの

「おかえり。またイカリくんのとこ？」

家に帰ると、お母さんが晩ごはんの支度をしていた。あいまいに「まあ」と答えてリビングを出ていこうとしたとき、目が止まった。ソファの隙間《すきま》になにかが反射した。近づいてクッションを動かしてみると、やっぱりそこには星のカードが落ちていた。

だれだ。なんの用なんだ。家のなかにまでついてくるなんてもう、これはぜったいに「落としもの」なんかじゃない。

「お母さん、きょうこのへん片づけた？」

「ううん。どうして？　なにか捜《さが》しもの？」

お母さんの質問には答えないままカードをななめにかざすと、こんな文字が浮かんで見えた。

けれども、どんなに急いでも、どんなに歩いても、どこが「遠く」なのか、きみにはどうしてもわからない。きみは疲れ、泣きたくなり、立ちどまって、最後にはしゃがみこんでしまう。街からずいぶんはなれてしまっていた。そこがどこなのかもわからなかった。もどらなければならなかった。

ぼくもどこだかわからないくらいの「遠く」まで、来てしまったのかな――。

ぼくは、自分でもびっくりするくらい冷静に、かばんにカードをしまい込んだ。これで五枚目のカードだ。お母さんはぼくの帰りが遅くなった理由を、イカリくんの家に寄ったからだと思っている。ぼくはそれを否定しなかった。ウソをついた後ろめたさはない。ウソと秘密は、違うものなんだ。そしてだれだって秘密は、抱えているものなんだ。

ごはんを済ませてぼくは、自分の部屋に上がっていった。ほんとうのひとりになって、本の扉を開けようと思った。お母さんたちが知らない、秘密の本の扉を。

『あのときかもしれない』長田弘（ハルキ文庫『深呼吸の必要』収録）

章

クラゲ」と
クラゲ」

4

「くらべ
「それで

そしてぼくは、はじめて読書の海に潜った

本を読む。たったそれだけのことに、ぼくはすこし緊張していた。ベッドにしようか、それとも勉強机にしようか。すこしだけ迷って、ベッドに寝そべることにした。

そしてヒトデに言われたように、パクパクと口を動かしながら読んでいった。屋台の前で読んでいたけどもう一度、最初のページから読んでいった。一ページ目をめくり、二ページ目を過ぎて三ページ目に入るころにはもう、口は動いてなかった。読書の自転車に乗って、無心で主人公の背中を追いかけていた。こんなにするすると本を読んでいくのは、はじめてのことだった。

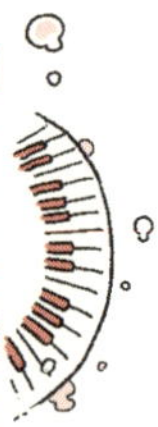

「美しい」も、「正しい」と同じように僕には新しい言葉だった。ピアノに出

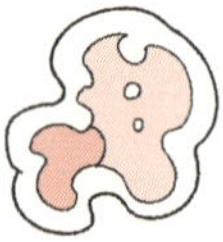

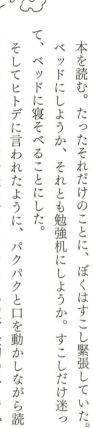

会うまで、美しいものに気づかずにいた。知らなかった、というのとは少し違う。僕はたくさん知っていた。ただ、知っていることに気づかずにいたのだ。

それは、十七歳《さい》の男の子が、「調律師」という、ピアノのお医者さんみたいな仕事に出会い、調律師をめざし、調律師として成長していく物語だった。ぼくはピアノを弾《ひ》けないし、調律師なんて仕事があることも知らなかった。けれど、それがどんなに大切でむずかしい仕事なのか、だんだんとわかってくる。

まだ起きてるの、とお母さんがドアの向こうで言った。

時計を見ると、もう夜の十二時になろうとしていた。「うん、寝る」と答えて本に戻った。心配そうにお母さんがなにか言っていたけど、もう聞こえなかった。

夜は、音もなく更けていく。

本を読んでいる、という感覚はいつしか消えていた。だれかの話を聴いているのとも、映画を観《み》ているのとも、もちろんゲームをしているのとも違う。おなかも空かず、ベッドに寝そべっている感覚もない。時間が過ぎるのを忘れて、意識の深く、また深くへと潜っていく。

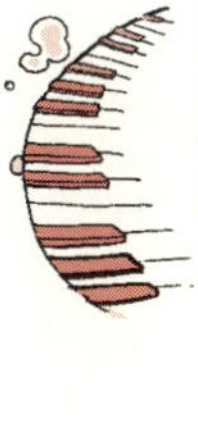

『羊と鋼の森』宮下奈都（文春文庫）

物語が終盤《しゅうばん》に差しかかろうとしたころ、カーテンの隙間からやわらかな陽が射してきた。きんと冷えたままの部屋に光の粒が、そして静かな希望が満ちていく。

調律師になる、と決めたときのよろこびを、今でもはっきりと思い出せる。何の保証もないのに、突然目の前の靄《もや》が晴れたような、初めて自分の足が地面を蹴って歩き出したような、手でその輪郭をなぞれそうな、よろこび。あのときは、これからどこまでも歩いていけると思ったのだ。どこまでも歩いていかなければならないだろう。

最後のページを読み終えて顔を上げたとき、壁に掛かった時計の時刻は午前九時をまわっていた。いつもと同じ部屋の、いつもと同じ風景なのに、とても懐《なつ》かしい場所のように感じられた。本のなかではたぶん、五年くらいの年月が流れていた。そして本から顔を上げたぼくも、五年ぶりに自分の部屋に帰ったような照れくささがあった。そうだ、

『羊と鋼の森』宮下奈都(文春文庫)

ぼくは本の世界を本の時計で旅していたんだ。

ふらふらとリビングに降りていくと、「勉強おつかれさまです！　お父さんと買いものに行ってくるね。夕方には帰ります」という置き手紙が残されていた。

戻ってきたこの世界は、まだ一日と進んでいないみたいだ。

本の感想から見えてくるもの

月曜の朝、ぼくは早めに登校した。

イシダイくんがやってくるのはいつも、ホームルームがはじまる直前だ。そうしないとトビオくんたちに囲まれてしまう。

「ねえ、イシダイくん」

イシダイくんがやってくるとぼくは、トビオくんたちが取り囲むよりも先に声をかけた。

「一時間目の宿題だけどさ、あれって……」

そう言って、イシダイくんを呼び止めたまま、宿題の話をした。なにかを察してくれたように隣のフグイさんも「そうそう。わたしもあれ、わかんなかったんだ」と話に加わってくれた。するとアジキリくんも、「助かるー、おれも教えて」と輪に入ってくれた。

きっかけを奪われたトビオくんは、なんとなく気まずそうに、アナゴウくんたちとしゃべっている。視界の端に映るサワラモトさんが、「やるじゃん」と口を動かしてうなずいてくれた。――勇気とかしこさ。ぼくははじめて、それを発揮できたような気がした。心臓がずっと、ばくばく鳴っていた。

「ねえ、ちょっと聞いてよタコジローくん」

昼休み、図書室に到着すると、あきれたような表情でサワラモトさんが語りかけてきた。イシダイくんは、ばつの悪そうな顔で俯いている。

「イシダイくんさ、あれだけいろいろ言ってたくせに、読んでこなかったんだって」

「そ、そうなの？」

「……うん。読もうとはしたんだけどさ」

「どうして？　時間なかった？」

「いや……時間はたっぷりあったし、何度も読みかけたんだけど、その……」

そのままイシダイくんは黙り込む。するとサワラモトさんが、しびれを切らしたように声のボリュームを上げた。

「じゃあ、なんなのよ！　せっかくみんなで読んでこようって約束したのに！」

「その……タコジローくんは読んだ？」

「う、うん。読んだ。あの日のうちに、ひと晩で読んだ」

イシダイくんがため息をついて続ける。

「おもしろかった？」

「うん、おもしろかった。あんなに夢中になって読んだの、はじめてだったかも」

「サワラモトさんは？」

「おもしろかったに決まってるじゃん！　だからきょう、みんなで話すのをたのしみにしてたのに。あの双子《ふたご》の話とかさ」

そうだ、あの本のなかにはピアノを弾く双子の姉妹《しまい》が出てくる。サワラモトさんの口から「あの双子」ということばを聞いただけでもう、ぼくの心はわくわくした。

「ぼくも！　あの双子のこと、すごく気になってる」

「でしょ？　わたし思うんだけどさ、あの双子がじつは……」


「あの……ぼくさ」

申し訳なさそうにイシダイくんがつぶやいた。

「ぼく、あんまりおもしろくなかった」

瞬間、その場が固まった。

「ええーっ？　どうして？」

ありえない、とばかりにサワラモトさんが立ち上がった。

「どうして、って言われてもその……事件らしい事件がほとんど起こらないし」

「事件？」

「だれかが殺されるとか、大統領がさらわれるとか、その犯人を追いかけるみたいな事件。それで最後にどんでん返しがあって、伏線《ふくせん》が回収されて……」

イシダイくんの言いたいことは、なんとなくわかった。

この本には悪者がひとりも出てこない。主人公の成長を見守る周囲のおとなたちは、みんなやさしい。双子の身につらいことはあったけれど、それもどちらかといえば淡々《たんたん》と、静かに語られていく。イシダイくんにしてみると、そこが退屈だったのだろう。一方でぼくは、退屈だとは思わなかった。自分もこんな町に住みたいと思った。本を読み終わるのがもったいなく感じるほど、ずっとあの町にとどまっていたかった。ぼくはあの町の住人だった。


「——なるほどね」と、自分を納得させるようにサワラモトさんがうなずく。

「まあ、それこそ『読書を渡すことはできない』だもんね。今回のは合わなかった、イシダイくんの好みじゃなかった、ってことでしょ？　自分の好みがわかって、よかったじゃん」

「ありがとう。……でも、これって好みの問題っていうより、もっとおおきな話じゃないかって気がするんだ」

「おおきな話って？」

サワラモトさんが、すこし小声になる。

「ぼくさ、ふたりを見てるとうらやましいな、って思っちゃうんだよね」

「わたしたちが？」

「うん。なんか元気で、あかるくって、いつものびのびと自分を出して」

……ぼくが？　サワラモトさんはともかく、ぼくがあかるい？

「そ、それは違うよ。イシダイくんだって知ってるでしょ、ぼくがみんなからバカにされて、笑われてきたこと。それで笑われたりしたらすぐ泣いちゃうし、口から墨《すみ》が出ちゃうし、ぜんぜんあかるくなんかないし」

「そういうことじゃなくってさ――」

けっきょくその日の編集会議は、イシダイくんの長い告白を聞くだけで終わった。そして教室に帰る渡り廊下でぼくは、また星のカードを拾った。これで六枚目のカードだ。

きた道とおなじ道をもどればいいはずだった。だが、きみは道をまちがえる。何遍もまちがえて、きみはわッと泣きだし、うろうろ歩いた。道に迷ったんだね。誰かが言った。迷子だな。べつの誰かが言った。迷子というのは、きみのことだった。きみは知らないひとに連れられて、家にかえった。叱られた。

『あのときかもしれない』長田弘（ハルキ文庫『深呼吸の必要』収録）

イシダイくんは以前、自分には地元がない、と言っていた。もしかするとそれは、迷子に似ているのかもしれない。帰り道がわからず、帰る場所さえもない迷子。

でも、イシダイくんは泣いたりしない。いや、泣くことができない。無邪気に笑うことも、怒りに我を忘れることもない。どうしてできないのか。イシダイくんは言った。

「ぼく、心が壊《こわ》れてるんだよ、たぶん」

物語は、心を動かす運動場だ

「ねえねえ、ヒトデさん」

放課後、ヒトデの屋台に到着するなり、サワラモトさんが質問した。

「ヒトデさんはいまでも本を読んで泣いたりすることってある？」

「藪《やぶ》から棒になんだい、そりゃ」

聞かれたサワラモトさんは、いかにもあっけらかんと説明した。

「なんかイシダイくん、本を読んでもテレビを見ても、泣いたり笑ったりしないんだって。で、イシダイくんはそのこと気にして『自分は心が壊れてる』とか思ってるみたいなんだけどさ、わたしはぜんぜんそう思ってないっていうか、『それってイシダイくんがおとなだからじゃない？』って話になったんだ。ほら、おとなってめったに泣かないし、わたしたちみたいにキャーキャー騒《さわ》いだりしないでしょ？　だからヒトデさんにも聞いてみたの」

「そ、そんな軽いものじゃなくってさ……」

イシダイくんが不服そうにつぶやくと、ヒトデが大声で笑った。

「わっはっは。まあ、いいさ。アンタの悩み、わからなくもないよ。心は動いているはずなのに、うまく泣いたり笑ったりするのがむずかしいんだろ？　どこかで自分の感情にブレーキをかけちまって」

「……う、うん」

「それでサワラのお姉ちゃんや、タコちゃんをうらやましく思ってる。自分もあんなに、天真爛漫《らんまん》になれたらいいなと思ってる。そういうことだね？」

「うん」

「じゃあ、さっそく占ってみよう」

そう言ってヒトデは、水晶玉に手をかざすと、呪文を唱えはじめた。路

地が光に包まれて、ほどなく本棚の一冊がふわふわと降りてくる。ぼくたちは、占いのゆくえを固唾《かたず》を呑んで見守った。

ふんふん、と一読したヒトデが「これはすこし説明が必要かな」と言った。

「――この本はね、劇作家のおじさんが演劇について書いた本なんだ。そしてこのおじさんによると、アタシたちは普段《ふだん》、心を動かさないように用心しているらしい。なるべく泣いたり怒ったりしないように、自分の感情を抑えてね」

「どうして？」

「このおじさんはね、こんなふうに言っている」

心を動かすことは、危険なことだとみんな知っているのです。

「怒る」「泣く」などの激しい感情は心のバランスを失わせます。結果、感情に振り回されて、周りから笑われたり、失敗したり、恥をかいたりする可能性が高まります。

ですから、私達は、日常生活ではなるべく心のバランスを失わないようにし

『演劇入門　生きることは演じること』鴻上尚史（集英社新書）

ているのです。

「心のバランスを失わないように……」

「そうだ。平常心ってことばがあるだろ？　心のバランスが、うまく取れている状態のことだ。ところが泣いたり怒ったり大笑いしたりすると、この平常心が失われてしまう。そうすると、どうなるか。怒りにまかせて暴力をふるったり、泣きじゃくってことばが出なくなったり、あるいはまわりに笑われたりするわけだ。そうだよね？」

「……うん」

「とくにイシダイのお兄ちゃんにとって、これは大問題だった。なにがあっても、心のバランスを失うことは避けたかった」

「ど、どうして？」

「自分で何度も言ってたじゃないか。ぼくは転校生だから、って。まったく知らない学校に行く。転校してきた初日、教室のドアを開けると、みんながアンタに注目する。好奇の目にさら

される」

ぼくは、イシダイくんが転校してきた日のことを思い出した。黒板の前で、緊張しながら自己紹介するイシダイくん。トビオくんたちは、都会からやってきたイシダイくんを冷やかすように騒ぎ立てていた。

「余計なことをせず、目立たない。――いつしかそれが、アンタのルールになった。まわりの様子をうかがって、感情を見せないで、毎日を無事に過ごす。早く好奇の目がなくなるよう、なるべく透明《とうめい》な自分であろうとする。……そうじゃないかい？」

イシダイくんは震《ふる》えながら、それでも涙を見せずうなずいた。

「でも、そんなことしてたら」

サワラモトさんが横から口を挟んだ。

「そんなふうに自分の感情を抑え込んでたら、ストレスたまりまくるんじゃない？ そりゃ、カッとなって暴力をふるうとかはありえないけど、泣いたり怒ったり、あとはちゃんとケンカして仲なおりするのも、大事なことだと思うよ」

「そのとおりだ。じゃあ、続きを読もう」

けれど、同時に、私達は心が動く喜びを知っています。

「心から笑う」という気持ちよさをほとんどの人は知っていると思いますが、映画や演劇を見て「とことん泣く」というカタルシスを知っている人も多いでしょう。

身体を動かすことが身体と精神の健康に良いように、心を動かすことも、身体と精神に良いのです。


「運動不足でいると、身体がなまっちまう。それで学校には、体育の授業がある。スポーツすることで、運動不足を解消するわけだ。好き嫌いは別として、身体を動かすのは健康のためだ。それと同じように『心の運動不足』も、心の健康によくない」

イシダイくんは黙ったままうなずいた。

「じゃあ、どうするか。心のほうにも、なにかスポーツみたいなものがほしいよね？」

「うん」

『演劇入門　生きることは演じること』鴻上尚史（集英社新書）

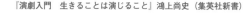

「そこでこの劇作家は『物語』を使え、って言うんだ」

「物語を？」

「そう、映画を観るのでも、演劇を観るのでも、もちろん本を読むのでもいい。物語に触れるなかで、心を動かす。物語に涙を流したり、怒ったり、大笑いしたりする。これは実生活に、なんの影響《えいきょう》もない話だ。本を読んでどんなに泣いたり怒ったりしても、だれかを傷つけることにはならないからね」

イシダイくんに本を手渡して、ヒトデは続けた。

「アンタが日常のなかで、なるべく心を動かさないようにしていること。感情を抑えて、自分を守ろうとしていること。それはかまわない。おとなとして、社会で生きていくにあたっては、ある程度必要なことだ。アンタはまわりよりもすこし早く、おとなになってきたんだろう。でも、ずっと動かさないままでいると心は固まって、衰《おとろ》えていく。わかるよね？」

「……うん」

「だったら物語の力を、もっと信じればいいじゃないか。もちろん本じゃなくてもいい。映画や演劇を観るのでもいい。本は、芸術は、そして物語は、がんじがらめの日常から自分を解き放つためにあるんだ。思いっきり心を動かす、心の運動場としてね」

教養書ってどんな本？

「で、でも」

問題はそこなんだと言わんばかりに、イシダイくんが食い下がった。

「ぼく、この前に借りた本、最後まで読めなかったんだ。サワラモトさんとかタコジローくんみたいに、感情移入できなかったんだ。どうしても分析《ぶんせき》するみたいな、一歩引いた目で読んじゃって、物語に入っていけなかったんだ」

「なるほど。それは大事な話だ」

ヒトデが咳払いして続けた。

「まず言っておくと、小説の好き嫌いはだれにだってある。タコちゃんやサワラのお姉ちゃんがおもしろいと言ってるからって、アンタまでそう感じる必要はない。それはわかるね？」

「うん、わかるけどやっぱり……」

「だったらすこし、おおきな話をしよう。サワラのお姉ちゃん、アンタの話によると図書室に置いてある本のうち、『文学』は三割くらいだったよね？」

「うん。正確に数えたわけじゃないけどね」

「じゃあ、残り七割はどんな本になるんだい？」


「本のジャンルってこと？

それだったらカウンターに近いほうから

『辞書・辞典』の棚でしょ。
そして『哲学《てつがく》・宗教』と『歴史・地理』の棚があって、
その奥が『社会科学・自然科学』の棚。

あとはまんなかあたりに『技術・工学』とか
『産業・職業』とかの棚がずらっと続いて、
『趣味・実用』の棚が一列。

それで次の二列が『芸術・言語』の棚になるのかな。

そしていちばん奥、残り三割くらいが『文学』の棚。これも細かく言うと、国や地域の分類があるんだけどね。

あっ、いちおうマンガもあるよ。

でもマンガは貸出不可の特別枠《わく》」

「さすがだね。ちゃんと書架整理もしているようだ」

「そりゃそうよー。わたしこれでもまじめに三年間やってきたんだから」

図書委員のことになるとサワラモトさんは、とてもまじめだ。任された仕事はちゃんとこなすし、責任感が強いんだと思う。

「じゃあ、今度はイシダイのお兄ちゃんに質問だ。い

まアンタに手渡した演劇の本、これはどのジャンルに入ると思う？」

イシダイくんは、手元の本に視線を落とした。表紙には『演劇入門　生きることは演じること』と書いてある。

「……えっと、芸術？　いや、職業かな？」

「わかりにくいよね。ちなみに本屋さんだとその本は、『新書』というコーナーに置かれることになる。ただし、新書って呼び名は、本の内容とはあまり関係がない、本のサイズを指すことばだ。『文庫』みたいにね」

「うちの図書室にも新書のコーナーはつくってあるんだけどさ、中身はほんとバラバラだよね。もう、新書としか呼びようがないっていうか」

サワラモトさんが身を乗り出して言う。ぼくは、図書室のなかにそんなコーナーがあることさえ知らなかった。

「でも、この『演劇入門』が小説じゃない、ってことは一目瞭然《りょうぜん》だろ？」

「まあ、それはね」

「だったらひとまず、いろんな本を『文学』と『それ以外』で分けて考えよう。そして『それ以外』の本のことを『教養書』と呼ぶことにしよう」

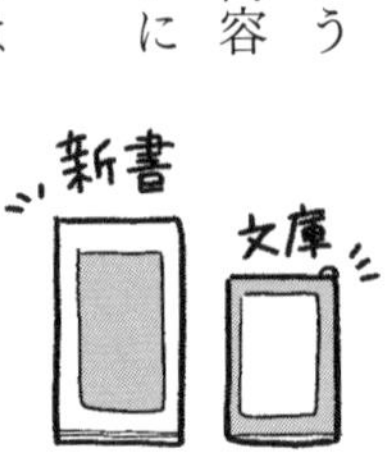

「教養書？」

「ああ。ナントカ入門みたいな新書はもちろん、歴史とか、芸術とか、哲学とか、あとは社会科学とか、そういう本はぜんぶ『教養書』だ」

「ちょっとむずかしい本ってこと？」

「まあ、『なにかを学ぶために読む本』ってところかな。演劇について学ぶために『演劇入門』を読む。一方で、小説やエッセイを読むのは学ぶためじゃない。ここは小説と教養書の、おおきな違いだ」

「じゃあ、その教養書はお勉強のための本ってこと？」

ぼくの質問にヒトデは首を振った。

「それは違う。教養書は自分の好奇心を満たすために手に取るもので、お勉強の教科書じゃない。むしろ教養書は、疑うくらいの態度で読むのがちょうどいいんだ」

「本を疑うの？」

ヒトデの目が、きらっと光った。

「そうさ。本に書いてあるからといって、なんでも信じ込むのは危険だ。本にはウソが書いてあることもあれば、間違いが堂々と語られていることもある。なにを信じて、なにに耳を貸さないか。それを決めるのはアタシたち読者の仕事なのさ」

答えを見分ける「くらベクラゲ」

「ちょっとちょっと、本にウソが書いてあるってどういうこと？」

サワラモトさんが、すこし怒ったように言った。ぼくもまったく同じ気持ちだ。本にウソが書いてあるなんていったら、なにを信じればいいのかわからない。

「たとえばアンタが小説を読んでいるとき。ここでは、ウソだのホントだのといったことは考えなくていい。オバケが出てくる小説でも、タイムスリップする小説でも、それはウソじゃないんだ。小説という『もうひとつの世界』のなかではね」

ぼくたちはうなずく。

「一方、教養書のなかで『オバケは実在する』とか『わたしはタイムスリップを経験した』という話が出てきたらどうなるか。それはさすがに証拠を示してもらわなきゃならない。そして相手が出してきた証拠を、こちらが吟味《ぎんみ》しなきゃならない。なぜって教養書は、現実にある『この世界』の話をしているんだからね」

「でも、さすがにそんなめちゃくちゃなことを書いた本は少ないんじゃない？　そんなの読むまでもないっていうか」

イシダイくんが言った。するとヒトデは左右の手を広げて続けた。

「じゃあここに、学校について書かれた本が二冊あるとしよう。一冊目の本には『学校なんか行かなくていい』と書いてある。もう一冊の本には『学校に行くべきだ』と書いてある。しかもそれぞれ『行かなくていい理由』と『行くべき理由』が添《そ》えられている。これはどう判断する？」

「そ、それは読んでみないとわからないけど……」

「さっきアンタに渡した演劇の本にしたってそうさ。その本にはきっと『演劇とはこういうものだ』という作者の意見が書いてある。でも、別の劇作家に言わせるとそれは、まったく見当違いな意見なのかもしれない。数学と違ってこういう問題は、正解がひとつじゃないんだ」

「じゃあ、いろんな本のなかから、自分で正解を見つけなきゃいけないってこと？」

ぼくは思わず口を挟んだ。

「そうだ。なるべくたくさんの意見に耳を傾けて、自分にとっての正解を、自分で見極《みきわ》めるんだ」

「そんなの、どうやって見分けるのさ。ぼく、本に書いてあったら信じちゃうよ。だって、演劇なら演劇の、専門家が書いた本なんでしょ？　ウソとか間違いとか、見抜けるわけないじゃん！」

「たしかに見極めるのはむずかしい。そこで読むべき本を見極める、とっておきのルーペを紹介しよう」

「ルーペ!?」


おどろくぼくたちを見てニヤッと笑ったヒトデは、本棚のほうを振り返って「さあ、出ておいで」と手を叩いた。

すると、本と本の隙間からふわふわと、見たこともない青白いクラゲが這《は》い出てきた。ふつうのクラゲよりもおおきな目を持った、けれどもちいさなクラゲだ。

「かわいいーっ!!　ちょっと、このクラゲさんはだれ？」

サワラモトさんが大喜びしながら聞いた。

「読むべき本を見極めるときの相棒、『くらべクラゲ』さ」

本の答えと「自分の考え」をくらべてみる

「くらべクラゲ!?」

「そう。その本が自分に必要なのかどうかを見極めるコツは『くらべること』にある。いいかい？　題して『くらべクラゲのみっつのルーペ』だ」

ヒトデのかけ声に合わせてクラゲが、背中からシャキーン、と三本のルーペを取り出した。かわいいような、まぬけなような、なんとも不思議なクラゲだ。

「まずひとつ。本の答えと『自分の考え』をくらべてみる、だ」

クラゲが一本目のルーペを使って、探偵みたいにぼくの顔を覗き込んだ。

「よし、ここではタコちゃんをご指名のようだ。さあタコちゃん、この本棚をざっと見渡して、気になるタイトルの本はあるかい？」

ぼくは、本棚に並ぶ本をまじまじと見た。知らない本ばかりだったし、知らないタイトルばかりだ。でも、ヒトデが選んで本棚に入れているくらいなんだから、きっとどれもおもしろいのだろう。そう割り切って、ほとんど直感で一冊を選んだ。

「これ。この『自分で考える勇気』って本」

「ほほーっ。なかなかシブいところを選んできたね。でも、すばらしいチョイスだ。サブタイトルを見てごらん。『カント哲学入門』って書いてあるだろ？　まさにこれはカントっておじさんの哲学を紹介する入門書であり、教養書だ」

カントなんておじさんは知らないし、哲学というのもよくわからない。ぼくはただ、「自分で考える」ということばと、「勇気」ということばのつながりに惹《ひ》かれただけだ。

今年の夏、ヤドカリのおじさんから「考えることは、答えを出そうとすることだ」と教わった。そして答えを出すための手段として、おじさんは「書くこと」をすすめてくれた。じゃあ、書くことに勇気がいるのかな？

「いいかい、タコちゃん、それからみんな。小説と違ってこういう本には、大抵ていねいな目次がついている。目次のことはわかるよね？」

ぼくたちはうなずいた。

「それじゃあ、タコちゃん。その本の目次を開いてみてごらん」

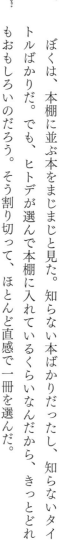

言われたとおり、ぼくは開く。「大学生のカント」とか「ケーニヒスベルクとカントの家庭」とか、よくわからないことばが並んでいた。

「なにか気になることばは見つかったかい？」

「うーん」

ぼくは目次をひとつずつ読んで考えた。

「……なんだかむずかしそうなことばが多いけど、この2章のところに書いてある『感じることと考えること』ってやつは、ちょっと気になるかな」

「ほほう、たしかにおもしろそうな話だ。じゃあ、タコちゃん。アンタは『感じること』と『考えること』、なにが違うと思う？」

「えぇーっ？」

隣でサワラモトさんがクスクス笑っている。

「……考えることは『答えを出そうとすること』だって、前に習ったよ」

「なるほど。じゃあ、感じることは？」

「感じることは……あんまり考えてないこと？　答えを出そうとしてないこと？」

「はっはは。よしよし、じゃあ実際にはどんなことが書いてあるか、そのページを開いてみよう」
ヒトデは、ぼくから本を取り上げてページを開いた。

　私たちが感じるとき、私たちの意識にはなにか変化が生み出されます。感じることは受動的なことです。たとえば、よく冷えたアイスクリームを一口食べたとき、「冷たい」と感じるのは、まさにその一口のアイスクリームに依存していることであって、私たち自身が自分で冷たいという感覚を生み出すことはできません。同様に、窓の外にひろがる景色を見るとき、その見えている感覚は景色に依存します。私たちは、風景を受け容れる、つまり受容するのです。このように「感じる」能力は受動的・受容的な能力です。カントはこの能力を「感性」と呼びます。

「ふへえ」

『自分で考える勇気　カント哲学入門』御子柴善之（岩波ジュニア新書）

ぼくは思わず、まぬけな声を漏《も》らした。依存《いぞん》とか受容とか、すこしむずかしいことばもあったけれど、アイスクリームの話はわかる気がした。

「いいかい？　アイスクリームを食べたら、冷たいと感じる。これはもう、アンタの気持ちと関係なしに、勝手に感じることだ。でも、そこに氷やアイスクリームがなかったら、冷たいと感じることはできない。アンタがどんなに『感じたい！』と思ったところで、それはできないんだ」

「うん。温かいスープを飲んで『冷たい！』って感じることはできないもんね」

「そのとおりだ。それでどうだい？　アンタの思っていた『感じること』の意味と、この本での説明は一緒だったかい？」

「ぜんぜん違う」

「どっちの説明のほうが納得できる？」

「そりゃあ、こっちだよ。こんなふうに考えたことなかったけど、これはすごく納得できる。うん、ぼくたちは『自分で考える』ことはできるけど、『自分で感じる』ことはできない。そういうことでしょ？」

「――いいじゃないか。そんなふうに納得できるんだったら、この本はアンタにとって『おもしろい本』になるだろう。作者のことを信頼《しんらい》してもよさそうだし、ほかのページでもおもしろい話をしている可能性が高い」

「え？　でも、おもしろいのはここだけかもしれないよ？」

「なんとなく手にした本の、目次を見る。気になることばを見つける。そのページに飛んで、『自分の考え』とくらべてみる。なるほどと思えることが書いてあったり、自分の常識をひっくり返すようなことばを見つけたりしたなら、その本はビンゴだ。読み進めよう」

「――もしもつまんないことが書いてあったら？」

ここまで黙って耳を傾けていたイシダイくんが聞いた。

「黙って本棚に戻せばいい。その本とは縁がなかった、ってことさ。これがひとつ目の『自分の考え』とくらべてみる、だ」

くらべクラゲが、ちいさくウインクした。

専門と「専門じゃないこと」をくらべてみる

「じゃあ、次。『自分の考え』とくらべるのは、なかなかむずかしいこともある。目次を見ても知らない専門用語がいっぱい並んでいたり、目次がおおざっぱで、不親切なつくりになったりした本も多いからね。そこでふたつ目に出てくるのが、専門と『専門じゃないこと』をくらべてみる、だ」

二本目のルーペを取り出したクラゲが、今度はサワラモトさんを覗き込んだ。

「専門じゃないこと？」

「そう。たとえばサワラのお姉ちゃんが倫理学《りんり》の入門書を読むとしようか」

「倫理学ぅ？」

「まあ、中学で習うもんじゃないよね。こういう『自分が知らない分野』の本を読んでいくときには、ことの真偽《しんぎ》が確かめにくい。なんといっても相手は専門家で、こっちはシロートだ。相手が言ってることは、ぜんぶほんとうのように思えてしまう」

「うん。さっきタコジローくんが言ってたようにね」

「そういうときには、本をパラパラッとめくってみるんだ。そして相手が『専門じゃない話』をしているところを見つけよう」

「たとえば、どんな？」

「なんでもいいさ。なにかの流れで『最近の若者はけしからん』と言ってたり、『シーチューブばかり見てると頭が悪くなる』みたいな話をしていたりさ」

「げえーっ。最悪じゃん、そんなやつ。余計なお世話だっつーの」

「そう！　もしもアンタがそう思ったんなら、そこで本を閉じる。ここで大切なのは、その作者を信頼できるかどうかなんだ。たとえ専門のところで正しいことを言っていたとしても、信頼も尊敬もできない作者とつながる必要なんてないのさ」

「作者がものすっごく偉い学者さんとかでも？」

「もちろん。それにね、そういう気が合わない作者の書いた本は、どんなに正しいことが書かれていたとしても、読んでいてイライラするものだよ。せっかく読書するのに、イライラするなんてもったいないだろ？」

「じゃあ、作者のことを好きになれるかどうかが大事ってこと？」

「そのとおり。その作者の『専門分野』と『専門じゃないところ』での話しぶりをくらべてみる。専門家としての優秀さとは別に、ひとりの先輩としての好ましさを見る。作者の見極めで意外と大切なのは『専門じゃないこと』を語っているときの態度なのさ」

本文と「あとがき」をくらべてみる

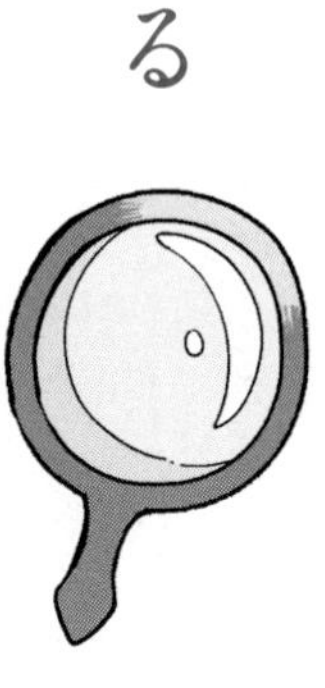

「そして最後。これはほんのちいさなコツだ」

ヒトデがそう言うと、くらベクラゲが三本目のルーペを取り出してイシダイくんの顔を覗き込んだ。

「自分の考えとくらべることもむずかしい。専門じゃないことを見つけ出すのもむずかしい。そういうときには最後の手段、本文と『あとがき』をくらべてみる、だ」

「本文とあとがき？」

意外そうに、イシダイくんが訊ねる。

「そうさ。本文というのは、本のなかでメインとなる文章のことだね。教養書や入門書は、それ以外に『まえがき』や『あとがき』が入っていることが多い。本を最後まで書き終えたあと、『なぜこの本を書いたのか』を書いてみたり、『書きながらどんなことを考えたか』に思いを巡《めぐ》らせてみたり、もっと原点に立ち返って『この本はどんな本なのか』を語ってみたり、いろいろだ」

「そりゃ、あとがきくらい知ってるけど……」

「そして本のあとがきってのはね、意外と作者の本音や性格が出やすい場所なんだ。本文とは語り口調まで変えてカッコつけたことを書いてみる作者もいるし、いかにも適当にサボって書く作者もいる。そこで見えてくる作者像に、じっくり目を凝らすんだ。自分はこの作者を尊敬できるか、この作者の話を何日も聞き続けられるか、とね」

隣で聞いていたぼくは、思わずさっき受け取った本の「あとがき」をめくってみた。横からくらべクラゲが、ルーペを使って覗き込む。「おわりに」と題されたそこには、こんなことばが綴《つづ》られていた。

おわりに

本書は『自分で考える勇気』という表題を持ちながら、同時に「カント哲学入門」という副題を持っています。執筆にあたっては、この表題と副題とのあいだを行ったり来たりすることになりました。たんなるカント哲学の入門書を書くこと——それができれば、それはそれでたいへん立派なことです——が目的ではなく、私自身がもう一度自分で考え、みなさんと一緒に考えることこそが第一の目的だったからです。

ぼくはまだ本文をほとんど読んでいない。でも、この「私自身がもう一度自分で考え、みなさんと一緒に考えることこそが第一の目的だった」ということばが、とても気に入った。自分が知っていることを上から目線で教えようとしていない。むしろ、これを機会に一緒に考えようとしてくれている。その態度が、すごく気持ちよかった。

「じゃあ、あとがきがつまんなかったら、もう読まなくていいの？」

イシダイくんの質問に、ヒトデが答えた。

「ま、判断材料のひとつ、ってところかな。あとがきのない教養書もあるしね」

「ふうん。でも、なんか意外だな。本の見極めとか言うから、もっと理屈っぽくてむずかしい読みかたなのかと思ってた」

「もちろん、そういう読みかたもあるよ。『この話の根拠《こんきょ》はどこに示されているのか？』『このデータは、作者の都合に合わせて選ばれたものじゃないか？』『いまの言いまわし、なにかごまかしが入っていないか？』って感じで一行ずつ、くらべクラゲの毒針を刺していくような読みかたはね。だけど本に並んでいるのは、ただの情報じゃない。生きた

『自分で考える勇気　カント哲学入門』御子柴善之（岩波ジュニア新書）

作者の生きたことばが、並んでいるんだ。情報の真偽を確かめる目と同じくらい、作者自身の真偽を確かめる目も大切なのさ。『この作者は信頼できるのか？』ってね」

文庫とほかの本はどこが違う？

「じゃあさ、小説の読みかたも教えてよ！」

待ちかねたようにサワラモトさんが言った。

「この前に聞いた、口パクしながら読むのはわかったからさ、ほかにも読みかたがあるんでしょ？　やっぱり、くらべクラゲさんのルーペを使うの？」

「いやいや、それがイシダイのお兄ちゃんが落ちた罠《わな》なんだ。小説を読むときに疑いの目を向ける必要はない。むしろ、思いっきり作者や作品に身をまかせて、自分にブレーキをかけないことが重要になる。つまり、小説には小説の、別のクラゲが必要なんだ」

「どんなクラゲ？」

「さっ、出ておいで」

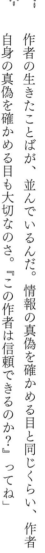

ヒトデが振り返って手を叩くと、本の隙間からピンク色のクラゲが出てきた。おおきさはくらべクラゲと同じくらいだけど、やたらぐるぐる動きまわってすばしっこい。

「この子はだれ？　なんていうクラゲさん？」

「小説を読むときの相棒、『それでクラゲ』だ。さっきの『くらべクラゲ』は、一歩引いたところから、物事を慎重にくらべながら読む。それに対してこっちのクラゲは、ぐんぐん前のめりになって『それで？　それで？』と読んでいく。小説を読むときには、この姿勢が大切なのさ」

するとクラゲが、背中から三本のマイクを取り出した。

「えっ？　さっきはルーペで、こっちはマイク？」

「そう、題して『それでクラゲのみっつのマイク』だ。——これはみんな考えておくれ。アタシの本棚に並んでいる小説を見て、なにか気づくことはないかい？」

「えっ？　この本棚？」

最初に食いついたのは、やっぱりサワラモトさんだった。

「わたしは小説とか詳しくないからわからないけど……イシダイくん、わかる？」

「いや、ぼくも……ジャンルとか年代とか、そういうこと？」

「あ、あの、ぜんぜん違うかもしれないけど……」

ちいさな声で、ぼくは言った。

「……そういうんじゃなくてこれ、ぜんぶ文庫ってことじゃない？」

「そのとおり！　さすがタコちゃんだ」

ヒトデがにっこりと微笑んだ。サワラモトさんは「えー？　そういうことー？」と不満たっぷりの声を上げる。

「アタシはね、この屋台に置く小説は文庫だけにする、って決めてるんだ。そして小説以外は、みんな新書。さっきタコちゃんが選んだみたいなね」

「なんで文庫ばっかり置いてるの？」

「どうしてだと思う？」

「安いから？」

イシダイくんが言った。

「そうだね、それは大事だ。でも、それだけが理由じゃない」

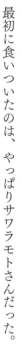

「えー、なにー？　もったいぶらずに教えてよぉー」

じれるサワラモトさんに苦笑いしつつ、ヒトデは本棚から一冊取り出した。

「ほら、イシダイのお兄ちゃん。こういう文庫を見て、なにか気づくことはないかい？」

本を渡されたイシダイくんは、表紙をしげしげと眺めたり、裏返してみたり、パラパラめくってみたりした。

「……ちいさいとか、軽いとか、そういうこと？」

「うーん。目には入ってるはずなんだけどねぇ」

ヒトデが残念そうに言って続けた。

「ほら、本の裏っ側を見てみな。文庫の裏表紙にはどれも、簡単な紹介文が書いてあるだろ？　アタシに言わせるとね、これこそが文庫の醍《だい》醐《ご》味《み》なのさ」

「自分」にマイクを突きつけろ

「紹介文が？　なんで？」

「ほら、ちょっと貸してみな」

そう言ってヒトデは本を取り返すと、裏表紙に書かれた紹介文を読み上げた。

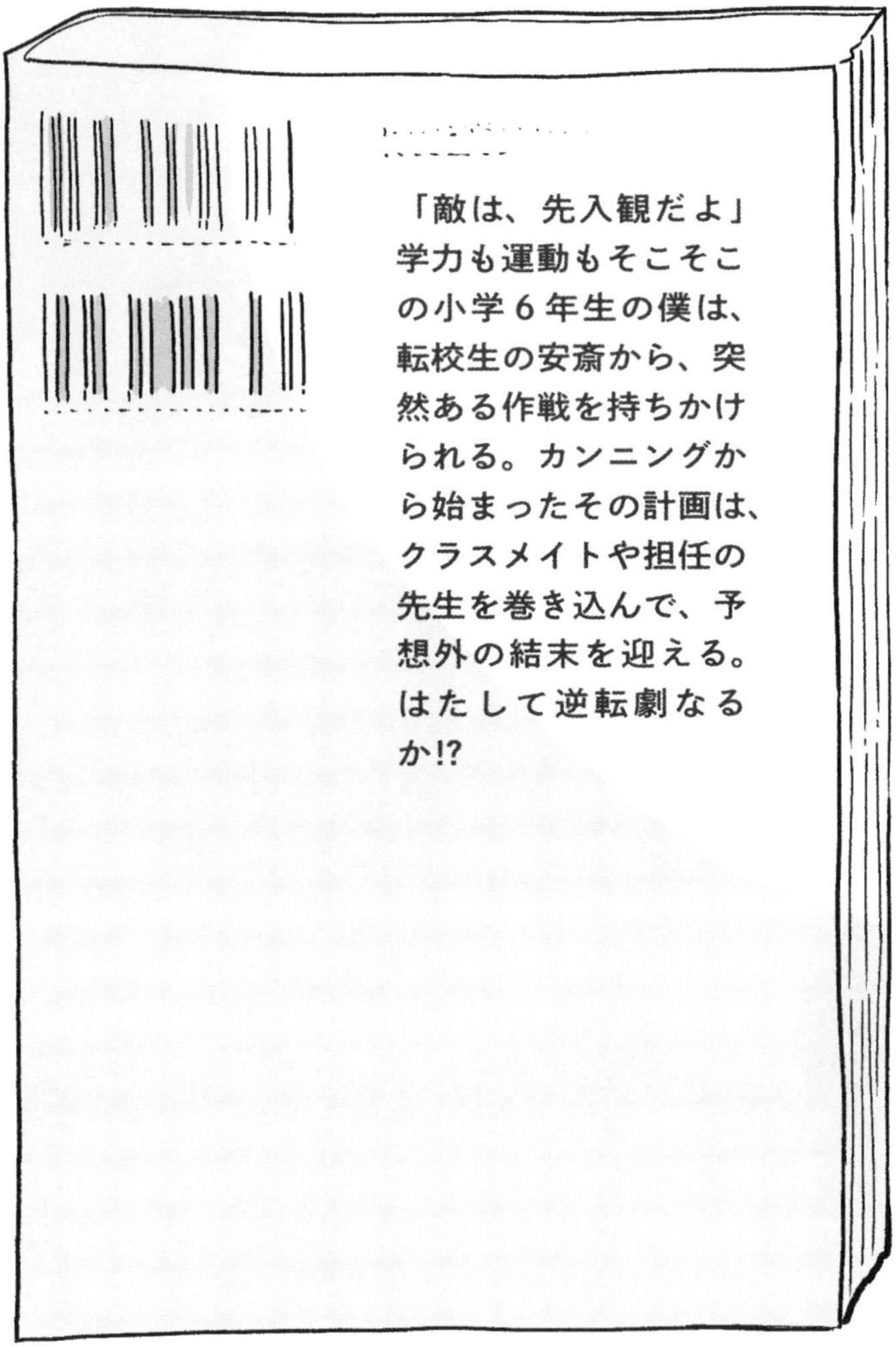

「敵は、先入観だよ」
学力も運動もそこそこの小学６年生の僕は、転校生の安斎から、突然ある作戦を持ちかけられる。カンニングから始まったその計画は、クラスメイトや担任の先生を巻き込んで、予想外の結末を迎える。はたして逆転劇なるか!?

「――さて、どう思った？」

「いやいや、どう、って言われても……『ある作戦』とか『予想外の結末』とか、大事なところがぼかされてて、よくわからないよ」

「それでも、多少はわかったところがあるだろ？」

「まあ、小学六年生の男の子が主人公なんだよね？　それで転校生の友だちから、なにかの作戦を持ちかけられて、カンニングをするストーリー？」

「それじゃあ今度は、この小説の冒頭を読んでみよう。こんな感じの書き出しだ」


　リビングのソファに腰を下ろし、ダイニングテーブルから持ってきたリモコンを操作する。買ったばかりの大画面テレビはまだ他の家具とは馴染《なじ》んでおらず、態度の大きな転校生、しかも都心から田舎町にやってきた生徒のような、違和感を滲《にじ》ませていた。先ほど消したばかりではないか、とテレビが苦笑するのが聞こえるようでもある。

　実況するアナウンサーの声が聞こえた。明瞭な声で、さほど目新しくもないコメントをすらすらと述べる。


『逆ソクラテス』伊坂幸太郎（集英社文庫）

「えっ？　これが小学生の話？」

「ちょっとおとなっぽい語り口調だよね？　しかもここから二ページ近く、プロ野球中継《ちゅうけい》の話が続くんだ」

「へえー、意外。小学生がカンニングする話じゃないの？」

「そう、なかなか意外なはじまりだ。でも、アンタはどうして『意外』だと思ったんだろうね？」

「それはさっきの紹介文に、小学六年生の『僕《ぼく》』がカンニングしてどうのこうのって書いてあったからだよ。てっきり小学生の話だと思ったら、なんか違うんだもん。おどろくのも当たり前じゃん」

「じゃあ、もしも紹介文を読んでいなかったら？」

「たぶん、そのままふつうに読んだと思う。おとなが野球を観てるんだな、って」

「――ということで、第一条は『自分にマイクを突きつけろ』だ」

クラゲがマイクを取り出して、自分のほっぺたに押しつけた。

「自分にマイクを突きつけろ？」

「そう。小説を読み慣れないうちは、なるべく文庫を選ぶ。それで裏表紙の紹介文を読む。おおまかなあらすじを知る。そこでおもしろそうだと思ったら、一ページ目を読んでみる。そして自分に、マイクを突きつけるんだ。『どう？　この本、読んでみたい？　これっておもしろいと思う？』ってね」

「ええーっ!?」

イシダイくんが声を上げた。

「なんだい、なんか文句あんのかい？」

「だって、先にあらすじを知っちゃったら、せっかく読む本がネタバレになっちゃうじゃん。なにも知らない状態で、まっさらな気持ちのまま本と向き合うのが読書ってもんでしょ？」

「だったらどうして文庫の裏表紙には、紹介文が書いてあるのさ？」

「それは、わかんないけど……」

「こんな程度の紹介文でネタバレになる小説なんて、ありゃしないよ。アタシに言わせりゃむしろ、あらかじめ紹介文を読むからこそ、いいおどろきが生まれるんだ」

「どういうこと？」

「最初に紹介文を読むだろ？　そして本編を読みはじめるだろ？　アンタはそのとき、

物語の展開を予想しながら読むことになる。『きっとこうなっていくんだろうな』って期待しながらね。でも、その予想はかならず裏切られる。これはもう、どんな小説でも一〇〇パーセント裏切られる」

「どうしてそんなことが言えるのさ」

「裏切りが、予想や期待とセットになったものだからさ。もしもアンタがなにも予想せず、『こうなるはずだ』と期待しなかったら、裏切りは成立しない。でも、ほんのすこしでも展開を予想してしてしまったら、そこで裏切りの準備は完了《かんりょう》だ。物語はかならずアンタの予想と違った方向に展開していく。そして紹介文を読んだ読者ってのは、物語の展開を予想せずにはいられないものなのさ」

「ことば」にマイクを突きつけろ

「うーん」

イシダイくんは、まだ納得できていない様子だった。

「紹介文を読んで『おもしろそう』って思うことはあると思う。自分の予想が裏切られることもある。でもぼく、ネタバレはいやなんだよなあ。ほら、サッカーとか野球とかの試合だって、結果を知らずに観るからおもしろいわけでしょ？」

「じゃあ、そこも関わる読みかたのコツ、第二条を言おう。それは『ことばにマイクを突きつけろ』だ」

クラゲが、カウンターに置かれた本にぐりぐりとマイクを押しつけた。

「どういうこと？」

「具体的には、同じ本を続けて二回読む。それだけだ」

「ええーっ!?」

「こうなるともうネタバレどころの話じゃない。読み終わった本を、読み終わったそばからもう一度読むんだからね」

「なんで？　まったく意味がわからないよ」

「小説を読むときアタシたちは、ついつい『ストーリー』を追いかけて読んでしまう。次にどうなるのか、犯人は捕まるのか、このピンチをどうくぐり抜けるのか。そんな感じで、どんどんページをめくっていく。もちろんこれは、読書の醍醐味だ」

「うん。ページをめくる手が止まらない、ってやつだよね」

「でも、そうやってストーリーだけを追いかけて読んでいると、どうしても『読み落とし』が出てしまう。ほんのちょっとした描写《びょうしゃ》だったり、こっそり挿《さ》し込まれた伏線だったり、一見なんの関係もないようなエピソードのつながりだったり、いろんなものを読み落としてしまう。これはとてももったいない話だ。むしろ小説のおもしろさは、そういう細部にあると言ってもいい」

「ストーリー以外のところに？」

「そうだ。でも、同じ本を続けて読むとき、アタシたちはもう、ストーリーを追いかける必要はない。ゆっくりと小説そのものを味わって、ひとつひとつのことばを噛《か》みしめながら読むことができる。物語から解き放たれてね」

「でも二回読むって、ぼくシーチューブでさえ一・五倍速で見てるのに……」

「じゃあ、実際にやってもらおうか。ちょっと歯ごたえのあるタイプの小説でね」

そう言ってヒトデは、背後の本棚から薄い文庫を取り出し、冒頭らしき箇所《かしょ》を読み上げていった。

こんな夢を見た。

腕組みをして枕元《まくらもと》に坐《すわ》っていると、仰《あお》向《む》きに寝た女が、静かな声でもう死にますと言う。女は長い髪《かみ》を枕に敷《し》いて、輪郭の柔らかな瓜実顔《うりざねがお》をその中に横たえている。真白《まっしろ》な頬《ほお》の底に温《あたた》かい血の色がほどよく差して、唇《くちびる》の色はむろん赤い。とうてい死にそうには見えない。しかし女は静かな声で、もう死にますとはっきり言った。自分もたしかにこれは死ぬなと思った。そこで、そうかね、もう死ぬのかね、と上から覗《のぞ》き込むようにして聞いてみた。死にますとも、と言いながら、女はぱっちりと目を開《あ》けた。大きな潤《うるお》いのある目で、長い睫《まつげ》に包まれたなかは、ただ一面に真黒《まっくろ》であった。その真黒な眸《ひとみ》の奥に、自分の姿が鮮《あざ》やかに浮かんでいる。

自分は透《す》き徹《とお》るほど深く見えるこの黒目の色沢《つや》を眺《なが》めて、これでも死ぬのかと思った。それで、ねんごろに枕の傍《そば》へ口を付けて、死ぬんじゃなかろうね、大丈夫《だいじょうぶ》だろうね、とまた聞き返した。すると女は黒い目を眠そうに睜《みは》ったまま、やっぱり静かな声で、でも、死ぬんですもの、仕方がないわと言った。

じゃ、私《わたし》の顔が見えるかいと一心に聞くと、見えるかいって、そら、そこに、写ってるじゃありませんかと、にこりと笑って見せた。自分は黙って、顔を枕から離した。腕組みしながら、どうしても死ぬのかなと思った。

しばらくして、女がまたこう言った。

「死んだら、埋めてください。大きな真珠貝で穴を掘って。そうして天から落ちてくる星の破片《かけ》を墓標《はかじるし》に置いてください。そうして墓の傍に待っていてください。また逢《あ》いに来ますから」

自分は、いつ逢いに来るかねと聞いた。

「日が出るでしょう。それから日が沈むでしょう。それからまた出るでしょう。そうしてまた沈むでしょう。——赤い日が東から西へ、東から西へと落ちてゆくうちに、——あなた、待っていられますか」

自分は黙って首肯《うなず》いた。女は静かな調子を一段張り上げて、

「百年待っていてください」と思い切った声で言った。

「百年、私《わたくし》の墓の傍に坐って待っていてください。きっと逢いに来ますから」

自分はただ待っていると答えた。すると、黒い眸のなかにあざやかに見えた自分の姿が、ぼうっと崩《くず》れてきた。静かな水が動いて写る影を乱したように、流れ出したと思ったら、女の目がぱちりと閉じた。長い睫のあいだから涙が頬へ垂《た》れた。——もう死んでいた。

「えっ？　えっ？　なにこれ、ほんとに死んじゃったの？　まさかこれでおしまいじゃないよね？　まだ続きがあるんだよね？」

サワラモトさんが、あわてて聞いた。

「ああ、安心しな。続きはちゃんとある」

「どうなるの？　また逢いにくるって、ほんとう？」

「さあ、それは内緒にしておいたほうがいいかもしれないね。——ま、ともかくこんな感じで小説を読むときのアタシたちは、ストーリーを追いかけるものだし、続きが気になっちまうものだ。もしかするとイシダイのお兄ちゃんが言うように、一・五倍速で読みたくなるかもしれない。そこでもう一回、今度はすこしゆっくりと読んでみよう」

そう言ってヒトデは、さっきと同じ箇所をゆっくりとしたスピードで読み上げていっ

『夢十夜』夏目漱石（角川文庫『文鳥・夢十夜・永日小品』収録）

た。ぼくは目をつぶって、この不思議な物語のヒントを探そうと耳を澄《す》ませた。

「どうだい？　なにか気づいたことはあるかい？」

「――これって、夢のなかの話なんだよね？」

ぼくは言った。

「ああ。最初に作者は『こんな夢を見た』って言ってるね」

「だったら、この死んじゃった『女』って、ほんとうにはいない、夢のなかだけの女性じゃないのかな？　だって、自分の家族とか知り合いとかだったら『女』なんて呼ばないで、ちゃんと名前で呼ぶはずだよ」

「おおー、いいね。それは大事なところだ。ほかに、気づいたことはあるかい？」

「声が……違う？」

サワラモトさんが、すこしだけ自信なげに言った。

「ずっと静かな、弱々しいくらいの声でしゃべっていたのに、最後の『百年待っていてください』のところだけ、おおきな声で言ってる」

「あ、そうか！」

ぼくはサワラモトさんの顔を見て言った。

「それで『自分』も、うっかり『待っている』なんて答えちゃったんだ。声の勢いに押されるみたいにして。だって、ふつうだったら百年待つとか言えないはずだもんね」

するとヒトデは、満足そうにうなずいた。

「ふたりとも、いいじゃないか。声の調子が変わったのも大事な発見だし、そこからの想像もおもしろい。――こんなふうに、続けて二度読むと文章の隅々まで味わうことができる。そしてあたらしい発見ができるんだ」

「でも、結末まで知ってしまったら本なんて……」

納得しないイシダイくんに、ヒトデが自分の目を指さしながら言った。

「お兄ちゃん、アタシたちはみんな、ふたつの目を持ってるよね？」

「う、うん」

「どうして目玉がふたつあるかというと、ものを立体的に見るためだ。ふたつの目で見ないことには、距離感もうまく摑めない」

「それは知ってるけど……」

「本を読むのも同じことさ。最初に読んだときのアタシたちは、広々とした本の世界を片方の目でしか見ていない。続けてもう一度読んだとき、ようやく立体的に理解することができるんだ。奥行きを持った、ほんとうの世界としてね」

「作者」にマイクを突きつけろ

「ねえねえ、だったら第三条はなに？　自分にマイクを突きつける、ことばにマイクを突きつける、そしてもうひとつは？」

むずかしい顔で腕組みをしたままのイシダイくんをよそに、サワラモトさんが無邪気な声で訊ねた。

「よし、これはお姉ちゃんにぴったりの話かもしれないね。小説の読みかた第三条、それは『作者にマイクを突きつけろ』だ」

「作者にぃ!?」

クラゲが今度は、だれもいない宙空《ちゅうくう》に向かってマイクを差し出した。

「そう。たとえばアンタがぜんぜん読めないと言っていた『カラマーゾフの兄弟』。この本の作者は、もう百年以上も前に亡《な》くなっている。もちろん、会うことなんてできない。でも、そんなこととは関係なしに『会える』と思いながら読むんだ」

「会って、どうするの？」

「そりゃあ、いまアンタがやってるのと同じことだよ。つまり、読みながら気になったことを質問しまくるのさ。『どうしてこの場面で主人公は、あんなことをしたの？』『あのセリフはどういう意味？』『このひどい父親は、息子《むすこ》たちのことが嫌いなの？』『なんでこのとき長男は激怒《げきど》したの？』『あなたはなぜ、こんな面倒くさい物語を書こうと思ったの？』って感じでね」

「インタビューするってこと？」

「そうだ。読み終わったら、特別な『作者独占《どくせん》インタビュー』の時間が待っている。そのための質問を、片っ端から集めながら読む。『会ったらなにを聞こう？』『これはぜったいに聞かなきゃな』『ここについても質問したいな』と思いながら読んでいくのさ」

サワラモトさんの顔が、興奮でみるみると紅潮していくのがわかった。

「それ、おもしろい！　やってみたい！」

「……で、でもさ」

と、落ち着いた声でイシダイくんが口を挟む。

「どんなに質問を考えたところで、作者に会えるわけじゃないし、答えも聞けないわけでしょ？　もう死んじゃってる作者もたくさんいるわけだし。だったら無駄《むだ》じゃないの？」

「いいかい、イシダイのお兄ちゃん。アンタたちの学校でも、全校集会ってあるよね？　校庭や体育館にみんなで集まって、校長先生があれこれしゃべったりするやつ」

「うん」

「そのとき、校長先生がひとりで一時間、なにかお説教めいたことをしゃべっていたら、どうなると思う？」

「そりゃあ、退屈だし我慢できないよ。生徒の半分くらい眠っちゃうんじゃない？」

「じゃあ、文化祭についてみんなで意見を出し合う集会だったら？　いろんな子が手を挙げて、自分の意見を述べる。もちろんアンタも自分の意見を言う。そんな集会でも眠っちゃうかい？」

「それは眠らないよ。自分たちの文化祭だし、ぼくも自分なりの意見を言わなきゃいけないわけだし」

「――そういうことさ。小説だってね、ずっと受け身の姿勢で読んでいたら、眠くなっちまうことがある。でも、質問を考えたり、ぶつけたりしながら読んでいけば、作者との距離がどんどん近づいていって、より深く物語をたのしむことができる。実際に会え

るとか会えないとかなんて、どうだっていい。だって、もう『本』には会っているんだからね。本を読むことは、作者と対話を重ねていくことなのさ」

「知りたいこと」と「教わること」にはズレがある

「ちょっと待って、ちょっと待って。いまメモをまとめるから！」

うれしそうに、サワラモトさんがペンを走らせながら言った。

「まず、くらベクラゲの読みかたが、本の答えと『自分の考え』をくらべてみる。専門と『専門じゃないこと』をくらべてみる。それから本文と『あとがき』をくらべてみる、でしょ。これは小説じゃない本、教養書とか入門書を読むときのコツだよね？」

「ああ、そうだね」

「そして小説のそれでクラゲは、読む前の『自分』と本の『ことば』、それから書いた『作者』に、それぞれマイクを向ける。いいじゃん、いいじゃん。なんか新聞のイメージができてきた。図書新聞にぴったりの話ばかりだよ！」

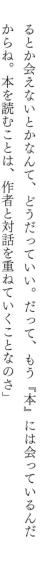

「どうもアタシは新聞に載せてもらうような柄《がら》じゃないけどねえ」

「そんなことないよ、ヒトデさんの話、すっごくおもしろいよ？」

サワラモトさんを援護《えんご》するようにぼくは言った。

「うちの学校にもこんなにおもしろい授業をしてくれる先生がいたらどんなによかっただろう、って思うもん」

「ああ、タコちゃん。ありがたい話だけど、それはちょっと違うかな」

ヒトデが落ち着いた声で言った。

「アンタがアタシの話を聞いておもしろいと思ってくれたのは、それがアンタの『知りたいこと』だったからだ。アタシたちはみんな、自分の知りたいことならおもしろく聞くことができる。ゲームのことだったり、アイドルのことだったり、おやつのことだったりね」

「う、うん」

「ところが、学校で教わることは、アンタの『知りたいこと』じゃない。アンタは数学のむずかしい公式を知りたいとは思っていないし、何百年も前の王朝を知りたいとも思っていない。つまり、先生がつまらないとか学校がつまらないというより、学校で『教わること』と、アンタの『知りたいこと』とのズレに、問題があるんだ」

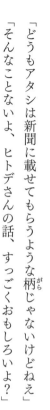

なにか心が、ぞわっとした。ヒトデの水晶玉が、めらめらと光を放っている。そしてざわめきの正体に気づいたぼくは、おおきな声で叫んだ。

「……シーシュポスだ！　それってシーシュポスだ！」

「そのとおり、シーシュポスだ。アンタとはまだ、しっかりこの話をできていなかったね。見てごらん、この水晶玉の光から言うと、アンタが抱えているもやもやは、このなかのだれよりもおおきい」

「じゃあ、その話もしてくれる？」

「ああ。ただし、きょうはもう無理だ。場所を変えて話さなきゃいけないし、移動している時間もない」

そしてヒトデはぼくたち全員の顔をぐるっと見回して言った。

「いいかい、アンタたち。これはタコちゃんだけの悩みじゃないよ。アンタたち全員に、そして図書新聞にも、おおきく関係する話になるからね」

サワラモトさんが慎重なトーンで訊ねる。

「どんな話？」

「つまり、アタシたちはなぜ本を読むのか、って話さ」

そう言ってにやりと笑うと、ヒトデは屋台のあかりを落とし、石のように固まった。


またこれだ。

路地を抜けてターミナルに向かう横断歩道で、ぼくはきらきらと光る星のカードを拾った。これで七枚目のカードだ。

先を行くサワラモトさんとイシダイくんは、カードが落ちていたことにも気づいてないし、ぼくが拾ったことにも気づいてなかった。

熱心に「くらベクラゲ」や「それでクラゲ」について話すふたりとターミナルで別れたあと、ぼくは拾ったカードをもう一度じっくりと読み込んだ。そこにはこう書かれていた。

「遠くへいってはいけないよ」。
子どもだった自分をおもいだすとき、きみがいつもまっさきにおもいだすのは、その言葉だ。子どものきみは「遠く」へゆくことをゆめみた子どもだった。だが、そのときのきみはまだ、「遠く」というのが、そこまでいったら、もうひきかえせないところなんだということを知らなかった。

音もなく上空を通り過ぎた黒い影が、次の訪問をすこしだけ不安にさせた。

『あのときかもしれない』長田弘（ハルキ文庫『深呼吸の必要』収録）

章

ぶことは、
の自分を
こと

5

本を選
あした
選ぶ

やり遂《と》げた先に待っているもの

翌日の放課後、ぼくはイカリくんの家を訪ねた。

ヒトデと会ってシーシュポスの話に決着をつける前に、もう一度イカリくんの話を聞いておきたかった。あの七枚目のカードを読んで、その気持ちは確信に変わった。

「ねえ、イカリくんは将来、プロサッカー選手をめざしてるの？」

そう切り出したぼくに、イカリくんは「いきなり？」と目をまるくして笑った。

「だって、しお高のすごい監督さんのところに行ってサッカー部に入るんだよね？　しお高って、プロがたくさん出てるって聞いたよ」

「まあ、そういう先輩たちもいるけど、おれの場合はサッカーやるのは高校までって決めてるよ。プロになれるほどの実力じゃないって知ってるからさ」

「プロにはなれないの？」

「なれない」

「どうしても？」

「どうしても」

「それは……くやしいこと？」

「言うねえ」

イカリくんはにやりと笑う。

「まっ、くやしさ半分、納得半分、ってところかな。プロになるって、ほんとにすげえことだから」

「じゃあ、どうして高校でもサッカーするの？」

「好きだからじゃない？　ほかにやりたいこともないし、ヒマじゃん。三年間なにもしないなんて」

「勉強は？　イカリくん、勉強もすごいできるよね？　プロにならないんだったら、サッカーしないで、勉強だけに集中しようとは思わないの？」

「いやいや、勉強に『プロ』なんていないだろ」

イカリくんは自分の答えに笑いながら続けた。

「そりゃ、学校の先生とか予備校の先生はプロなんだろうけど、それも『教えるプロ』であって『勉強のプロ』ってわけじゃない気がするな。勉強って、みんなアマチュアのままやることなんじゃねえの？」

「アマチュアのまま？」

「うん。勉強ができるからって、それでお金がもらえるわけじゃないしさ。そもそも数学の世界チャンピオンはコンピュータなんだろうし。プロをめざしてサッカーするのとはぜんぜん違うよ」

ぼくは、そのへんの感覚がよくわからなかった。プロをめざすわけでもないのに、どうしてこんな一生懸命になれるんだろう。

「でもさ、サッカー部の練習って、たぶんきついんだよね？」

「きついねー。めちゃくちゃきつい。しお高の練習なんて、激ヤバだと思うよ」

「そうするとさ、練習中に『なんでこんなことやってるんだろう？』とか思わない？だってそんなの、高い山のてっぺんまで岩を押していって、その岩がごろごろ下に落ちていくみたいな、その……」

「岩？　山？　なに言ってんの？」

「……こんなこと言ったら怒られるかもしれないけど、意味ないよね？　プロになるわけでもないのに、そんなきつい練習して、三年経《た》ったら引退するだけなんて」

それまで勉強机に向かっていたイカリくんが、ベッドに座りなおして「あのさあ」と真剣な顔をした。

「おれ、とりあえず中学の三年間、サッカーやったよね？」

「うん」

「それで引退したいま、『やってよかったな』と思ってる。どうしてだと思う？」

「……キャプテンになって、地区大会で優勝したから？」

「違う」

「……友だちができたから？」

「ぜんぜん違う」

そうなるともう、ぼくにはまったく想像がつかない。

「おれはさ、最後まで『やった』んだよ」

「やった？」

「うん。とりあえず三年間、おれはやった。自分にできることを、全力でやった。部活なんかに入らない、なんにも『やらない』って選択肢もあった。途中で『やめる』って選択肢だってあった。実際やめたやつもたくさんいたし、おれもやめたいと思ったことは何度もあった。だけど、おれは『やった』。最後までね」

イカリくんは部屋に転がるサッカーボールを、軽く蹴飛《けと》ばした。

「タコっちが言うように、おれはプロになるわけじゃないよ。サッカー部にも、野球部にも、バスケ部やほかの部活にも、うちの学校で将来プロになれるやつなんてひとりもいないと思う。意味がないと言われれば、そのとおりだ。でもみんな、そんなの関係なく最後までやったんだよ。その自信はずっと消えないいんじゃないかな」

頭がまっ白になった。人生のでっかいグローブで、ぶん殴られた気分だった。

ぼくは中学のあいだに「やった」と言えるものがひとつもない。部活にも入らなかったし、サワラモトさんみたいに委員会活動を一生懸命やったわけでもない。まして勉強なんて、まったくだ。途中でやめるどころか、なにかをやろうとさえしなかった。もし、中学生をやりなおせるなら、なんでもいいからやってみたい。真剣にそう思った。

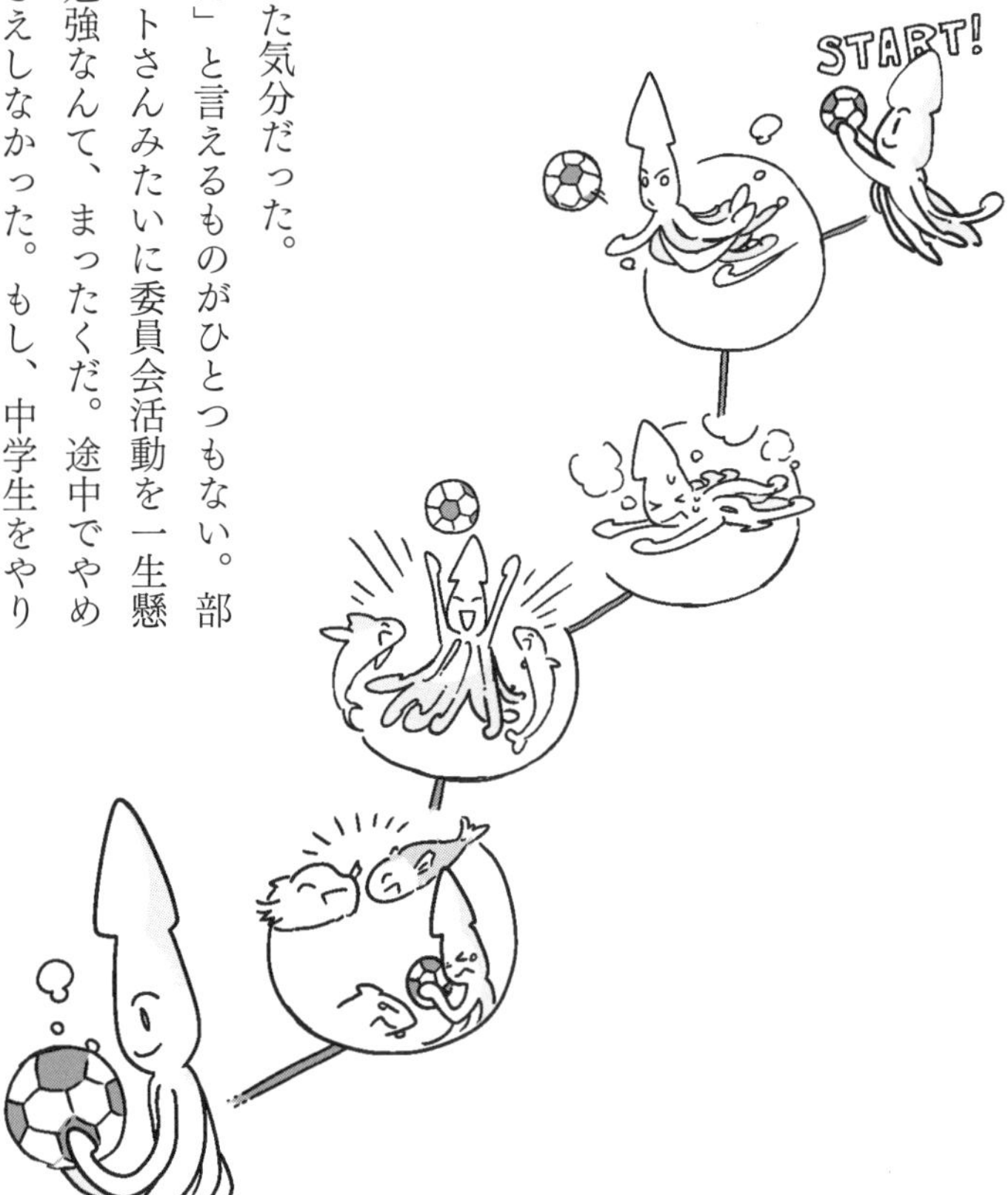

「――ぼく、自分が恥ずかしいよ」

「なんで？」

「だってぼく、中学に入ってからなんにもしてこなかったもん。イカリくんが部活してた時間も、ただ家でのんびりゲームとかしてただけだしさ。しかもイカリくんのほうが成績もいいわけでしょ？」

「いやいや、タコっちは日記つけてるだろ？　すげえじゃん、それは。もしも卒業まで続けたら、堂々と『やった』って言えることだよ」

「日記なんて……だれでもできるよ」

「サッカーのほうこそ、だれだってできることだよ。しかも部活って、サボったら監督に怒られるし、チームメイトにも迷惑がかかるからさ。そのおかげでおれ、三年間続けられたんだよ。それにくらべてタコっちの日記は、自分の家で、ひとりで続けてるわけじゃん？　そっちのほうが、部活を続けるより何倍もむずかしいと思うぜ」

「ぼくの日記は……そんな大したものじゃないよ」

「そんな卑屈《ひくつ》になるなって。おれ、日記を続けてるタコっちのこと、ほんとに尊敬してるんだからさ」

イカリくんとあの本はとてもよく似ている。イカリくんはいつもぼくに「へこたれるな！」と言ってくる。「くじけない心をもて！」と。

「――これ、いま思いついたんだけどさ」

帰り際、イカリくんが言った。

「高校に行ったらタコっち、新聞部とか入ってみたら？　タコっちの日記おもしろいし、そっちの才能あると思うぜ？」

どくん、と胸が鳴った。

そしてサワラモトさんとイシダイくん、ふたりの顔が浮かんだ。家にたどり着くまでの帰り道、ずっと胸がドキドキしていた。

ひとりのバスに乗るはずだったのに

「わたしの進学先ぃ？　来月の三者面談で決まるんじゃない？　おきのうみ高校が八割、うみ校が二割って感じ。ま、うちの親は

面談とか来ないからわかんないけどさ」

翌日の昼休み、図書室でぼくは、ふたりの進路について質問した。シーシュポスからの流れということで聞いたので、ふたりともまじめに答えてくれた。サワラモトさんはたぶん、おきのうみ高校。ここからバスで三十分くらいの沖にある、まあまあの進学校だ。ぼくの受けるうみ高よりも、ちょっとむずかしい。

「イシダイくんは？」

「ぼくも来月決めると思う。カニエ先生はしお高をめざせって言ってるけど、どうなんだろうな。別の、もうすこし簡単な高校にしようかとも思ってる」

「イシダイくん、しお高じゃないの？　わたし、てっきり決定なのかと思ってた」

「正直ぼく、高校とかどこでもいいんだ。どうせそのうち転校するし、最終的に好きな大学に行ければそれでいいからね」

「え？　転校って、高校に行ってもあるんだ？」。サワラモトさんが言った。

「うん。なんか編入試験とか、いろいろ手続きは面倒くさいみたいだけど。タコジローくんはどこの高校を受けるの？」

「……うみ高で決まりそう。ほかに行きたい高校もないし、家から近いし」

「へえ、いいなー。じゃあ自転車通学になるんだ」

「うん。受かれば、だけど」

「でも、さっきの話、サワラモトさんのお母さんって三者面談来ないの？」

ぼくの返事なんてどうでもいいようにイシダイくんがサワラモトさんに振る。

「先月の面談は来たよ。この三年間ではじめてね。うちの親、お姉ちゃんの大学受験に入れ込みすぎてて、わたしの受験とかなんの興味もないんだ。わたしと違ってお姉ちゃんは幼稚園《ようち》からのお受験組だし、ちょー優等生だし。ま、いろいろ口を挟まないでくれたほうがこっちも助かるけどね」

進学先を、イカリくん以外とこんなふうにしゃべったのは、はじめてのことだった。ぼくはみんな、ただ偏差値で学校を選んでいるんだと思っていた。なんの悩みもなく、目標に向かって勉強してるんだと思っていた。

「タコジローくんは？　進路とか、親からなにか言われる？」

サワラモトさんがノートに落書きしながら聞いた。

「うちのお母さんは……ほんとはイカリくんと同じ高校に行ってほしいみたい。でも、それは無理だってわかってるから、ちょっと心配してるんじゃないかな」

「心配するって、なにを？」

「その……高校でいじめられたりしないか」

「いじめとイカリくんと、なんの関係があるの？」

「……イカリくんがいたら、守ってもらえると思ってるみたい」

「ふーん。それ、わたし断言してもかまわないけど、タコジローくんがうみ高に行って、イカリくんと別々になっても、タコジローくんぜったいにいじめられたりしないよ」

「な、なんで？」

ペンを置いて、サワラモトさんが微笑んだ。

「わたしもうみ高行くから」

「えっ!?」

サワラモトさんはそのまま、貸出カウンターの向こうへ泳いでいった。えっ？　それって、えっ？　イシダイくんがぼくの顔を見て、あきれたようにため息をつく。ぼくはまた、まっ赤なゆでダコジローになっていたのかもしれない。

その本棚は長い旅路の扉だった

「おや、いらっしゃい。そろそろ来るころじゃないかと思っていたよ」

ぼくたちが訪ねたとき、ヒトデはおおきなノートになにかを書き込んでいた。

「そのノート、なに？」と、サワラモトさんが聞く。

「これかい？　本の在庫を管理する台帳だよ」

「へえー、図書委員の一年生みたいだね。手伝ってあげようか？」

「気持ちだけで十分だよ。それより大変なのは、仕入れのほうだ。大事な本が欠けちまったら、占いもできなくなっちまうからね」

「もしも本が足りないんだったら、ぼくたちがもらったやつ、返すよ」

そう言ってぼくは、かばんからシーシュポスの本を取り出した。

「だーめ。すこしでも占いに使った本は、魔法が解けちまって二度と使えなくなるんだ。渡した本はみんな、アンタたちのものだよ」

「でも……ぼくはこのシーシュポスの本、このまま読まないかも。チラッと読んだらすごくむずかしかったし、あんまり読みたくもないし……」

「だったらそのまま部屋に置いておけばいいさ。『積ん読』ってことば、聞いたことあるだろ？　部屋のどこかにその本が置かれる。毎日何回もタイトルが目に入る。買ったときの気持ちを思い出す。それだってひとつの……」

「そういうことじゃなくってさ‼」

割り込んだぼくに、サワラモトさんがうしろから「がんばれ」と声をかける。ぼくはおおきく息を吸い込んで、ヒトデと目を合わせた。

「ぼくが聞きたいこと――もう、わかってるよね？」

「わかっているとも。どうして学校は必要なのか。どうして勉強なんかしなきゃいけないのか。なんの理由も聞かされないままこんな毎日を過ごすなんて、まるでシーシュポスの地獄じゃないか。聞きたいのはそれだろ？」

ぼくは黙ってうなずく。

「そしてこの話は最終的に、『アタシたちはなぜ本を読むのか』という大問題にまでつ

ながっていく。——そうだったね？」

「そう、そこはぜったいに知りたい」

サワラモトさんが言った。

「長い旅になるよ？」

「もちろん。ヒトデさんのほうこそ覚悟《かくご》してね。きょうはわたしたち、納得しきるまで帰るつもりないから」

「いいだろう。じゃあ、場所を移して話そう」

「どこに行くの？」

「アタシが本の仕入れに使っている、特別におおきな本屋さんさ」

「本屋さん？」

「ああ。この町よりもおおきい、世界でいちばんおおきな本屋さんだ」

そう言ってヒトデは、スライド式になった本棚を扉のように横に引いた。

「うわあ！」

暗い路地に、強烈《きょうれつ》な光が差し込んだ。本棚の向こうに広がっていたのは、果てしない逆光の海だった。

足元の闇に目を向けず、光を探すこと

ぼくたちはカウンターから身を乗り出して、本棚の向こうに広がる景色に目をやった。長いこと暗がりにいたせいか、目がくらんで先の様子がわからない。

「まったく、まぶしいったらありゃしないね」

そう言って逆光のなかに飛び込んだヒトデの影が、振り返って手招きする。

「さ、アンタたちもこっちへおいで」

カウンターのなかに入ったサワラモトさんは、ぼくたちのほうを振り返ると、「行こう」と力強くうなずいた。

「えっ？　ほんとに？」

イシダイくんのためらいを背に受けたまま、サワラモトさんは光のなかに身を投げた。ぼくも、そしてイシダイくんも、あとに続く。飛び込んだ海はひんやりとしていた。あれだけまぶしく路地を照らしていた逆光はちいさな光の点に変わり、黒い海は底が見えないほど深い。あの路地に、ヒトデの本棚の裏側に、こんな深い海が広がっているなんて、信じられなかった。

「足元は見ないほうがいいよ」

先回りするようにヒトデが言う。

「これからしばらく泳いでいく。長い旅になるし、ここはどこまでも深い海だ。あんまり暗がりを見てると、闇に呑まれちまうから気をつけな」

「なに？　なんか怖いオバケでもいるの？」

底のほうを見ながら聞いたぼくに、ヒトデが答えた。

「自分で堕《お》ちていっちまうんだよ。長いこと闇を見つめているとね、いつの間にかそっちに吸い寄せられていくんだ。よく言うだろ？　深淵《しんえん》を覗き込むとき、深淵もまたお前を覗き込んでいる、って」

「ふーん。よくわかんないけど」

「これはイシダイのお兄ちゃんも、もちろんタコちゃんも、よく聞きな。アンタたち、サワラのお姉ちゃんと一緒にいると、あかるい性格だな、って思うだろ？　それにくらべて自分はくよくよ悩んでばかりだな、って思ってるだろ？」

「う、うん」

そうだ、サワラモトさんはいつも元気で、あかるい。見ていてうらやましくなるくらい、お気楽であかるい。

「でもね、それはこの子の性格があかるいってわけじゃない。心のなかはアンタたちと同じ、まっ暗闇さ。悩みだってあるし、いやなこともある。暗い底を覗き込もうと思えば、いくらだって暗いほうに流されていける」

前を行くサワラモトさんの表情が、陰《かげ》になってよく見えない。

「じゃあ、どうしてあの子はあかるいのか。それは光を探しているからだ」

「光を探してる？」

「ああ。闇の誘惑《ゆうわく》を振り切って、光を探す。ちいさな希望を、その光を、自分のなかに探していく。そして見つけた光だけを追って、前に進む。足元の暗闇は、いっさい見ない。おかげでいつも、あかるく照らされているのさ。まあ、自分ではそんなつもりもないかもしれないけどね」

聞こえないのかサワラモトさんは、なにも言わず前を泳いでいる。そういえばサワラモトさんは、教室ではおとなしい。サワラモトさんがクラスの女子たちと笑っている姿を、ぼくは見たことがない。背筋が急にゾクッとした。ひとりなのに、それなのにサワラモトさんは、あんなにあかるくぼくたちを励まし、引っぱっていってくれている。しかもそうだ、この前、サワラモトさんはお母さんやお姉ちゃんとの関係について、すこし話していた。へっちゃらの顔で話していた。

「で、でも、なんの光も見えないときは？　どこにも希望が見当たらないときは？」

イシダイくんの震えるような声に、ヒトデはやさしく言った。

「いちばんよくないのは、俯くことだ。顔を上げる。見える景色を変えてやる。深呼吸をして、新鮮《しんせん》な酸素を取り込む——。それだけで案外、光は見つかるものさ。ほんのちいさな光かもしれないけどね」

ぼくたちは長いこと、潮の流れに身をまかせていた。
時間と距離と速度。——数学の授業で習った公式が頭を駆けめぐる。前後左右、見渡すかぎりに同じ、無限の海だ。いったいどれくらいの時間が経ったのか。どれくらいの距離を、どれくらいの速度で進んだのか。現在地を知る手がかりが、なにひとつとしてない。隣を泳ぐサワラモトさんは、うとうとして半分眠りかけている。

「みんな、耳を澄ませてごらん」

ヒトデが、囁《ささや》くような声で言った。澄ませても耳には、なにも聞こえない。

あっ、とイシダイくんが気づく。

「ずっとずっと向こう、吹奏楽部《すいそうがく》みたいな……この音はコントラバス？」

「お兄ちゃん、なかなかいい耳してるね」

ヒトデはニヤッと微笑んで続けた。

「さあ、そろそろ到着だよ。ここから潮の流れが速くなるからね、はぐれないよう、みんなアタシに摑まるんだ」


ヒトデが長い手を伸ばすと、海はごうごうと渦を巻きはじめた。そして渦の向こうから、おおーん、おおおーん、と低く野太い声が聞こえてくる。それは生きものなんかの声じゃなく、海そのものが鳴いている声にぼくには聞こえた。


「きゃー!!」

猛烈な勢いでぼくたちを呑み込んだ渦に、たまらずサワラモトさんが叫ぶ。ぼくは右の手でヒトデの手を、そして左の手でサワラモトさんの手を摑んで目をつぶった。サワラモトさんもぼくの手を、痛いほどぎゅっと握り返す。

おおーん、おおおーん。

おなかの底が震えるくらいの声で鳴き叫ぶ海。

石なのかゴミなのか、なにか固いものがごつごつと身体にぶつかる。なにも見えないし、目を開けていられない。巨大《きょだい》な渦の中心へ、ぐるぐると呑み込まれながらぼくは、サワラモトさんの手をもう一度強く握りしめた。もうすこしで、手が引きちぎれそうだった。

「さあ行くよ!!」

ヒトデが叫ぶと同時に——ぼんっ!!

ぼくたちは光のなかに放り出された。

すべてがスローモーションだった。
ぼくは、空を飛んでいた。
サワラモトさんも、イシダイくんも、そしてヒトデも、一緒に飛んでいた。
ほんとうはわかっている。海面から宙空へ、放り出されただけだ。
それでも、飛んでいた。
高く高くを飛んでいた。
まっ白な陽の光が、痛いほどまぶしかった。
舞い上がった水の粒がきらきらと、サワラモトさんの笑顔に反射した。
イシダイくんは子どもみたいに笑いながら、両手をパタパタさせている。
ヒトデがぼくのほうを見て、おどけるようになにか言った。
けれど、声は聞こえない。
ぼくの呼びかけも声にならない。
どうやら海から外に出ると、しゃべれなくなるみたいだ。

不思議と息は、苦しくなかった。
強い陽差しのなか、じわじわと身体の表面が熱くなる。
水平線が見えた。
海と空、ふたつの世界のあいだに、おぼろげな線が引かれていた。
ぼくたちの暮らす海は、世界の半分でしかない。
空は透けるような蒼《あお》さで、まぶしく、高く、果てしなく続いている。
こんな世界があるなんて、考えたこともなかった。
なんて広いんだ、この世界ってやつは。
なんて狭《せま》かったんだ、ぼくらの泳いでいた世界は。
ぼくは、ほとんど永遠みたいな宙空での数秒間、ずっと笑いっぱなしだった。
ここがどこだか知らないし、どこだっていい。
あの渦を戻ってもう二度と、町には帰れないのかもしれない。
でも、それがどうしたっていうんだ。

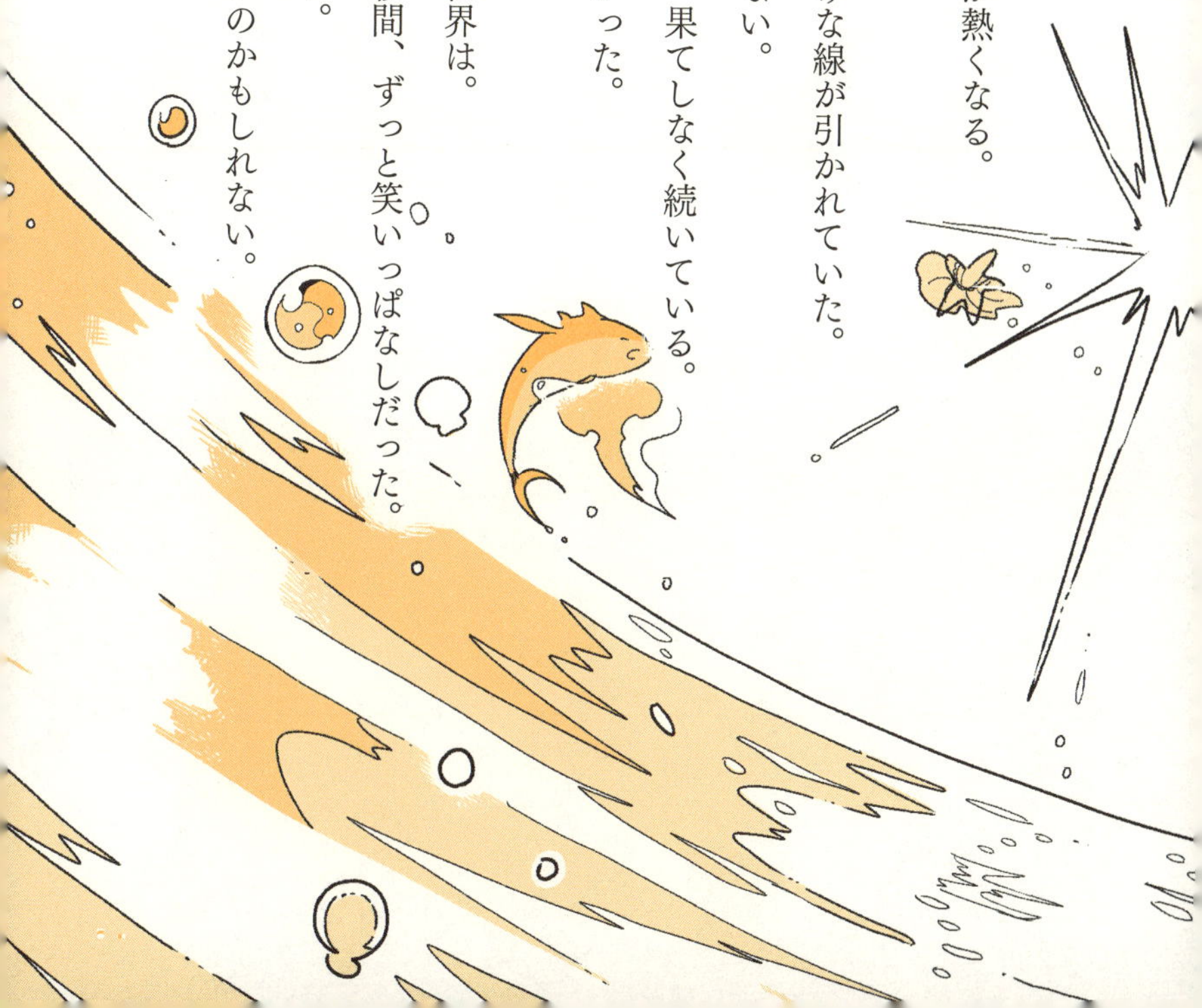

――思った瞬間、冷たい海に落ちた。

勢いよく落ちた先の海は、ひんやりとぼくの身体を包み込んだ。息を整えながら、周囲を確認する。イシダイくんとヒトデはぼくの近くに、そしてサワラモトさんはすこしだけ離れた場所に、それぞれ落下していた。みんなの顔を見て安心したのもつかの間、背後にふっと不気味な気配を感じた。

海を揺らすように、ごごごごご、という轟音《ごうおん》が響いていた。

目の前をたくさんの魚が横切っていく。おおきなサメも、ちいさなイワシも、ぼくたちには目もくれないで、逃げるように泳いでいく。きっとまた、渦が巻きはじめているんだ。うしろを振り返るのが怖かった。さっきよりもずっとおおきな、海のぜんぶを呑み込むくらいの渦が迫っている。ぼくの背中がそう直感した瞬間、サワラモトさんがおおきな声で叫んだ。

「ちょっと、ちょっと、ちょっとー!!」

ぼくの背後を指さしたサワラモトさんは、あきれたように笑いながら言った。

「もしかしてこれって、大神さまー!?」

自分の目が信じられなかった。

振り返るとそこには伝説の、くじらの大神さまが、何百という魚たちを引き連れて悠《ゆう》然《ぜん》と泳いでいたのだ。

伝説の大神さまが呑み込んだもの

なんておおきさなんだろう。ぼくはただただ、見惚《みと》れてしまった。

学校の校舎や、駅ビルよりも、断然おおきい。いや、建物なんかとくらべても意味がない。だって、このくじらは生きているんだ。生きて、たくさんの魚たちを引き連れて、目の前を泳いでいるんだ。

ぼくはだんだんと、自分がちいさくなっていくような錯覚《さっかく》に襲《おそ》われた。もちろんこのくじらは、伝説の大神さまとは違うくじらなのかもしれない。でも、だれがなんと言ってもこれは、大神さまだ。

「……アンタたち、くじらを見るのははじめてかい？」

「うん！」

目をまるくしたまま、サワラモトさんが答える。

「もっとおどろくこと、教えてあげようか？」

ヒトデがすこし得意気な顔で言った。

「アンタたちはさっき、あのくじらのおなかのなかに入ったんだよ」

「えっ!?」

「さっき、おおきな渦に呑み込まれただろ？　あれは嵐《あらし》でもなんでもない、あのくじらの口に、ものすごい勢いで吸い込まれていったのさ」

「どうして？　どうして呑み込んだの？」

「そりゃ、くじらのお食事タイムってことだろうね」

「ええーっ？　わたしたち、食べられるところだったの？」

「違うよ。海をまる呑みして、余計なものは潮と一緒にぶしゅーっと吐き出す。それがくじらのお食事ってもんさ。おかげでたのしかっただろ？　はじめて空を飛ぶことができて」

ヒトデはあっさりと、さも当然のように笑った。

身体の記憶《きおく》に、頭の理解が追いつかない。ぼくたちは本屋さんに行く途中、くじらの大神さまに出会った。おおきな渦をつくって、くじらはまるごとぜんぶを呑み込んだ。そして間違って呑み込んでしまったぼくたちを、空に吐き出した。たしかに、つじつまは合っている。

ぼくたちはくじらの潮に乗って、空を飛んだんだ。悠然と泳ぐその巨体を見ていると、身体がぶるぶると震えてくる。

すると、イシダイくんがぽつり、「なに食べてるんだろ」とつぶやいた。

「はっ？」

サワラモトさんが眉間に皺を寄せて、イシダイくんを見る。

「いや、あれだけ身体がおおきかったら、毎日のごはんも大変だろうなって。ぼくたちだって一日三食、それなりにたくさん食べてるわけでしょ？　それがあんなにおおきな身体なんだからさ、毎日なにを、どれくらい食べるんだろう」

サワラモトさんは、いかにもがっかりしたというようにため息をついて言った。

「ちょっとイシダイくんさ、マジで勘弁《かんべん》してよ。いま、このタイミングでそれ？　あんなにでっかい、それこそ大神さまみたいなくじらを前にして、しかもあんなふうに空高くを飛んで、それで最初に出てきたことばが、くじらのごはん？」

するとヒトデが「まあまあ、お姉ちゃん」と割って入った。

「このなかでいちばんおどろいているのは、イシダイのお兄ちゃんかもしれないよ？平常心を保つために、自分を現実に引き戻すようなことを考えただけでね」

「そうは言っても、ごはん？　なんかもう、いろいろがっかりだわ」

「いや、それにね。いまのはいい疑問なんだ。あのくじらがなにを食べているのかは、アンタたち全員に関係する大事な話なんだからね」

「どういうこと？」

サワラモトさんが聞き返すと同時に、海が震えた。

突如《とつじょ》として潮の流れが強くなり、くじらのほうへと引きずり込まれていく。おおーん、おおおーん。海全体が、底から揺れた。そうか、これはくじらの鳴き声なんだ。くじらがおおきな口を開けて、あたりが渦を巻きはじめる。

「ヒトデさん!!」

サワラモトさんが叫ぶと、ヒトデは負けない大声で叫んだ。

「ここにいればだいじょうぶだ。よーく目を開けて、まばたきしないで見ておきな。めったにお目にかかれるものじゃないよ！」

くじらの前方から、渦を巻きながら魚の大群がやってきた。くじらはますますおおきく口を開け、何百何千もの影がぐるぐると旋回《せんかい》する。ああダメだ、魚たちが呑み込まれちゃう！　思わず目をつぶろうとした瞬間、ぼくはその大群が魚じゃないことに気がついた。

「ええー!?」

世界でいちばんおおきな移動書店

魚じゃなかった。

渦に巻かれる黒い影は、何百何千という数の本だった。

おおきく開かれたくじらの口は、たくさんの本とあたり一面の海を呑み込んだ。そしてゆっくりと口を閉じて満足げに喉を鳴らすと、ぶしゅーっと潮をひと吹《ふ》きした。海に静寂が戻ったのは、それからしばらく経ってのことだった。

「えっ？　いまのは、えっ？」

あわてるイシダイくんに、ヒトデが言う。

「あのくじらはね、世界でいちばんおおきな移動書店なのさ。ああやって、世界中を旅して、世界中の本を集めているんだ。まあ、本を食べて生きている、って言ってもいいのかもしれないね」

「じゃあ、もしかしてあのくじらが……」

「そう、アタシたちの目的地、くじら書店さ。ほら、さっさと行くよ」

食事なのか、それとも本の仕入れなのか、ともかく仕事を終えたくじらは、泳ぐのをやめてすこしだけ口を開いた。すると、まわりを泳いでいた魚たちがいっせいに口のなかへと飛び込んでいく。くじらはごろごろと喉を鳴らしてうれしそうだ。

「あの魚たちは？」

「くじら書店のお客さんだよ。開店と同時に飛び込んでいく、熱心なお客さんだね」

間近に見るくじらの口は、学校のグラウンドくらいおおきかった。

「さあ、みんな入るよ」

ヒトデに続いてぼくたちは、おおきな口のなかへと入っていった。

「うわーっ」

「すごーい!!」

「なんだこれー」

ぼくたちの前に広がっていたのは、向こうの壁が霞《かす》んで見えないくらいにおおきな、正真正銘《しょうしんしょうめい》の本屋さんだった。

五階まで、いや六階くらいまで吹き抜けになった、目のくらむような天井。ぐるりを取り巻く本棚には、色とりどりの本たちがびっしりと並んでいる。なにかのイベントでもやっているのか、あちこちに看板が立てかけられているし、ぼくの身長よりずっとおおきなポスターも貼ってある。そして吹き抜けのまんなかは円形の広場になっていて、楕円のテーブルと椅子がいくつも置いてある。きっと図書室みたいに、あそこに座って読んでもいいのだろう。開店と同時に入っていった魚たちは、さっそく思い思いのエリアに散らばって本選びに励んでいた。これが本屋さんだなんて、ちょっと信じられない。

「すごい！　こんなにおおきな本屋さん、見たことがないよ‼　想像してた本屋さんの何十倍もおおきい！」

興奮のあまりサワラモトさんが、イシダイくんの肩を揺さぶりながら叫ぶ。ヒトデは、いかにもうれしそうに目を細めて言った。

「そりゃあ世界一の移動書店、一〇〇万冊以上の本が揃ったくじら書店だからね。ここよりおおきな本屋さんがあったら大変なことになる」

「それにしても、この本屋さんすごすぎるよ！　おおきいだけじゃない、この雰囲気とか本棚のデザインとか、ぜんぶ最高。もうわたし、このままここに住みたいくらい！ね、タコジローくんもイシダイくんも、そう思わない？」

「う、うん。ほんと、すごい……」

吹き抜けの天井を見上げたまま、ぼくは答えた。

「だったら早くあそこの広場に行って、タコちゃんのシーシュポスに決着をつけちまおう。話がおわれば、そこから自由行動にするからね」

そうしてぼくたちはヒトデに案内されるまま、円形の広場まで進んでいった。あのシーシュポスに決着はつくんだろうか。落ち着いて考えるには、いろんなことが目まぐるしすぎた。

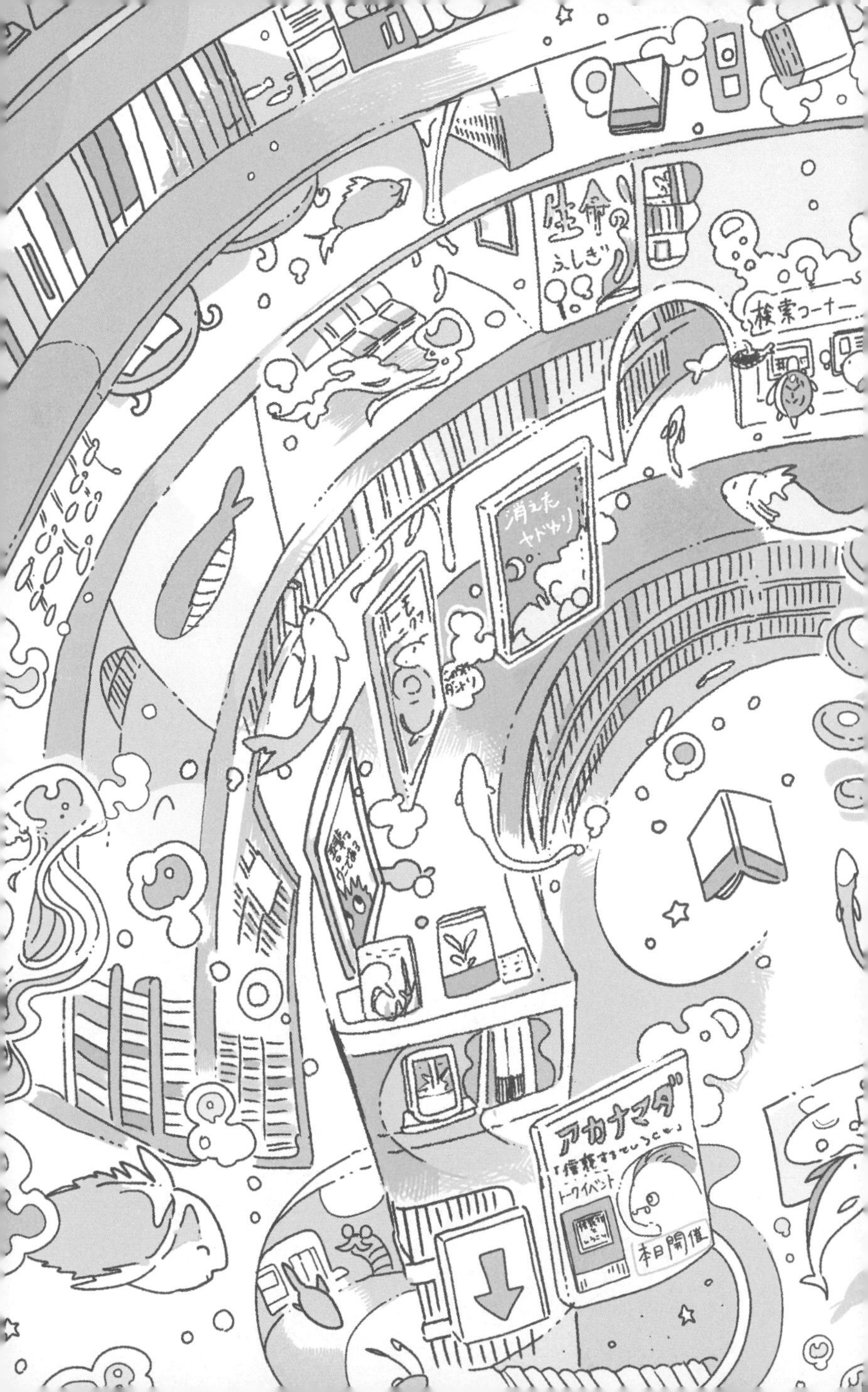
生命のふしぎ
検索コーナー
消えたヤドカリ
アカナマダ
トークイベント
本日開催

くやってきた本
バックヤードツアー
Whale Book Park
くじら書店
Map

絵本あそびイベント☆
生命のふしぎ
検索コーナー
くじらは今どこを泳いでる？
現在地
フェア開催中。
書を携え旅をしよう！
消えたヤドカリ
ハーモニクス

数学を学ぶ理由はどこにある？

「それじゃあ、タコちゃん。あの路地でどこまで話したか憶えているかい？」

「え、えっと……ぼくたちが勉強する理由」

どうしてもキョロキョロしてしまう。広場には、テーブルやソファがたくさん並んでいて、飲みもののコーナーまで設けられていた。ぼくたちの町には本屋さんがない。家の近くにこんな本屋さんがあったら、ぼくも本が好きになったかもしれないな、と思った。

「アンタは学校の勉強って、ぜんぶ無駄だと思ってるのかい？」

「そんなことないよ。小学校で習うような、読み書きそろばん？　あれくらいは必要だと思う。でも、むずかしい方程式とか、一次関数とか二次関数とかは、やる意味がわかんない。あと、検索すればわかるような歴史の年号とかも」

「――それについて先輩たちは、どう考えていたんだろうね？」

ヒトデはぐるりを取り巻く本棚を見上げて言った。

「先輩たち？」

「そうだ。勉強のこと、学校のこと、あるいは自分がここに、生きている理由。いまアンタが抱えている悩みは、過去の先輩たちが散々ぶつかってきた悩みでもある」

「——みんな、同じことで悩んできたの？」

「もちろんさ。そしてありがたいことに本には、そういう先輩たちの悪戦苦闘《くとう》が、山のように残されている。すばらしい答えを導き出した先輩もいれば、答えにたどり着けないまま、苦しい思いだけを書き綴った先輩たちもいる。いいかい？　本は紙の束なんかじゃない。本のなかには、生きた先輩がいるんだ」

「本が、先輩？」

「そして自分と同じ悩みに立ち向かった先輩を、本棚のなかから探す。先輩の声に、耳を傾ける。おもしろそうだろ？」

部活も委員会活動もやっていないぼくは、先輩というの

がどういうものなのか、よくわからなかった。先輩を知らないまま、中学校生活を終えようとしていた。でも、もしも本が先輩なんだとしたら、ぼくはその声を聞いてみたいと思った。

「じゃあ、具体的にどうするか。仮にアンタの悩みが『どうして数学なんか勉強しなきゃいけないんだろう？』だとしたら、まずは数学のおもしろさや大切さを語る先輩を探してみるといい。たとえば、こんな感じだ」

そう言ってヒトデは懐《ふところ》から水晶玉を取り出すと、呪文を唱えはじめた。遠くの本棚から、一冊の文庫が泳いでくる。手に取ったヒトデはページを開くと、何度もうなずきながらそれを読んだ。

「うん、いい先輩だ。数学のどまんなかを言い当てた、わかりやすい説明だね」

ヒトデはそう言って、光るページを読み上げた。

数学（算数）は、「考えることそのもの」を扱う教科です。そこに出てくる数字なんて、考えるための道具にすぎません。数学の骨格にあるのは徹底した論理であり、「自分の頭をどれだけ働かせることができるか」

が問われているのです。そして「論理的に考えるとはどういうことか」を学び、「わからないとはどういうことか」を知り、「それを突破するにはどうすればいいか」を考える。これがもっとも純粋な形で体系化されている学問が数学なんです。

「すごい！　まさにそのとおりだ！」

横からイシダイくんが声を上げた。

「いや、正直ぼくも数学を勉強する意味とか、よくわからなかったんだ。あんな面倒くさいこと、だれだってやりたくないよね？　でも、そうだよ！　『考えることそのもの』を扱う教科が、数学なんだよ！」

大興奮するイシダイくんにはこの説明がよくわかったし、よっぽどしっくりきたのだろう。小説の説明に首を傾げていたときとは大違いだった。

「おお、よかった。イシダイのお兄ちゃんはこの先輩の話を気に入ってくれたみたいだね。一方でタコちゃんのほうはあんまり……」

「うん、ごめん。いい先輩だとは思うし、言ってることもわかる。だけど、こういうのじゃない」

『ドラゴン桜公式副読本16歳の教科書』7人の特別講義プロジェクト＆モーニング編集部（講談社＋α文庫）

「どこが納得できないのか、ことばで言えるかい？」

顔を上げて、ヒトデの目を見てぼくは言った。

「いまのは『数学とはなにか？』の話だもん。でも、ぼくが知りたいのは『勉強とはなにか？』なんだし、『どうしてそれをやらされているのか？』なんだ。シーシュポスの悩みだって、そこでしょ？」

「さあ、いよいよ核心に迫ってきたね。それじゃあアンタとまったく同じ問いにぶつかった先輩の声を聞いてみよう」

カルチベートされたおとなになる

「いるんだね？　そんな先輩が」

「もちろんさ。この世界にはほとんど無限の本があり、先輩がいる。この本屋さんだけでも一〇〇万冊の先輩がいる。どんな悩みを抱えていようと、どんな境遇《きょうぐう》に置かれていようと、ここに来ればアンタはひとりじゃない」

ヒトデはそのまま目を閉じた。

「これはとても大切な占いになるはずだ。アタシはアタシで呪文を唱えるから、タコちゃんも目を閉じて、一緒におまじないを唱えてくれるかい？」

「おまじない？　ぼくが？」

「そう。答えを呼び寄せるつもりで、一緒におまじないを唱えるんだ。『どうして勉強なんかしなきゃいけないんだろう？』ってね」

そしてヒトデは呪文を唱えはじめた。わけもわからずぼくは手を合わせ、そのまま目を閉じた。口パクをしながら、おまじないのことばを唱える。どうして勉強なんかしなきゃいけないんだろう、どうして勉強なんかしなきゃいけないんだろう、どうして勉強なんかしなきゃいけないんだろう――。

閉じたまぶたの向こうに、ぷかぷかと光る

なにかが浮かんでいた。そこにいることを教えるように、光はくるくる回転しはじめた。

きっと、本だ。ぼくと同じ悩みにぶつかった先輩だ。

「さあ、目を開けてごらん」

ゆっくりと目を開けると、光る本の向こうにサワラモトさんとイシダイくんの顔が見えた。ふたりとも、きらきらと期待にあふれた目でこちらを見ている。

本を摑んだヒトデは、そのページを読んで何度もうなずいた。

「じゃあ、アタシが読むからみんなしっかりと聞いておくれ。これはね、ある中学校を辞めていく教師が、最後の授業で生徒たちに語りかけるシーンだ。ちょっと長いから、肝心《かんじん》なところだけ抜き出して読むよ」


「勉強というものは、いいものだ。代数や幾何《きか》の勉強が、学校を卒業してしまえば、もう何の役にも立たないものだと思っている人もあるようだが、大間違いだ。植物でも、動物でも、物理でも化学でも、時間のゆるす限り勉強して置かなければならん。日常の生活に直接役に立たないような勉強こそ、将来、君たちの人格を完成させるのだ。何も自分の知識を誇る必要はない。勉強して、それから、けろりと忘れてもいいんだ。覚えるということが大事なのではなくて、大事なのは、カルチベートされるということなんだ」

カルチベートされる？　なにを言っているのか、まったくわからなかった。両隣に目をやると、イシダイくんもサワラモトさんも困ったような顔で首を傾げている。

「ははは っ、そんなむずかしい顔するんじゃないよ。カルチベートってのは、耕すってことだ。つまりこの先生によると、勉強の本質は『自分を耕すこと』にある、ってことになる」

「自分を耕すこと？」

ぼくとサワラモトさんは、ほとんど同時に言った。

「さあ、ここからがクライマックスだ。タコちゃん、自分で選んだことばなんだから、しっかりついておいでよ」

「学問なんて、覚えると同時に忘れてしまってもいいものなんだ。けれども、

『正義と微笑《びしょう》』太宰治（新潮文庫『パンドラの匣《はこ》』収録）

全部忘れてしまっても、その勉強の訓練の底に一つかみの砂金が残っているものだ。これだ。これが貴《とうと》いのだ。勉強しなければいかん。そうして、その学問を、生活に無理に直接に役立てようとあせってはいかん。ゆったりと、真にカルチベートされた人間になれ！　これだけだ、俺の言いたいのは」


正確なことばの意味がわかったとは、まったく思わない。

でも、ぼくはわかった。カルチベートされるということが、全身でわかった。

それは、ぼくがほしくてほしくてたまらないもの、けれどぼくにはぜったいに手に入らないものだった。

自分を耕すとは、どういうことか

「……自分を耕す？　ひと掴みの砂金？」

なんのことだかさっぱりわからない、という感じでイシダイくんがつぶやいた。


『正義と微笑《びしょう》』太宰治（新潮文庫『パンドラの匣《はこ》』収録）

「おや、タコちゃんのほうはなんとなくピンときたようだね？」

ヒトデの問いかけに、ぼくは答えた。

「うん——たぶん間違いないと思う」

「ね、どういうこと？　わたし、ぜんぜんわかんない！」

興奮するサワラモトさんを落ち着けるように、ぼくはなるべくゆっくりと、静かな口調で答えた。


「きのう、イカリくんの家に行ったんだ。それでイカリくんってさ、しお高を受けるんだけど、それって偏差値とか関係ないんだって。しお高のサッカー部に、すごい監督さんがいるから行きたいんだって」

「その監督さんとサッカーするために？」

「うん。だけどプロをめざしてるわけでもないし、プロにはなれないって言うんだ。ぼく、最初はそれがぜんぜんわからなくってさ。何度も聞いたの。なんでプロをめざすわけでもないのに、サッカーで高校まで決めちゃうの、って」

ふたりは真剣な顔でうなずいた。

「そしたらイカリくん、自分には『やった』っていう感覚が確実にあって、それがおおきな財産なんだって」

「やった？　やったって、なにを？」

「部活を。はじめから『やらない』って道もあったし、途中で『やめる』って選択肢もあった。何度もやめたくなったけど、それでも自分は最後まで『やった』。それがおおきな自信になってるし、『やった』って言えるまで続けることができて、ほんとうによかったって。だから、高校に行ってもその実感がほしいんじゃないかな。しかも、そのすごい監督さんのもとで」

「じゃあ、それが……」

察したように、イシダイくんが眉間に皺を寄せた。

「うん。たぶん、それがカルチベートってことなんだと思う。イカリくんは中学の三年間、部活をやりきって、自分を耕したんだと思う。そりゃイカリくんはサッカーが好きなんだけど、大事なのは、最後まで全力でやった、っていう事実のほうなんだ。だからイカリくんはもう、『ひと掴みの砂金』ってやつを掴んでるんだと思う」

「自分はこれをやった、やりきった、って言えるものがあるから？」

サワラモトさんが聞く。

「うん。それでわかったんだ。ぼくが弱っちいのは、勉強ができないとか運動が苦手とかそういうことじゃない。ただ、自分に自信がないだけなんだ。いつも逃げてばかりで、『やった』って言えるものがひとつもなくて、それで自分を軽蔑してて、みじめに感じて……」

「ぼくも一緒だよ」

イシダイくんが、悲しそうな、そしてすこし怒ったような表情でかぶせた。

「ぼくだってタコジローくんと一緒で、この三年間で『やった』って言えるものなんて、ひとつもないもん。このままおとなになったとしてさ、いつか自分の中学時代を振り返ったとき、ぼく、なんの思い出も残ってないと思う。ぼくの中学校生活なんて、まったくの白紙だよ」

ぼくはおとなになって中学時代を振り返ったとき、なにを思い出すんだろう。この中学の、なにを懐かしく思うんだろう。

「やれやれ、困ったもんだね、ふたりとも落ち込んじまってさ」

ため息をついてヒトデが言った。

「ほら、ふたりとも顔を上げな。まず、タコちゃんの言ったカルチベートの解釈《かいしゃく》、なかなかいい線いってると思うよ。別に正解があるような話じゃないけど、なるほどおもしろい読みかただ。アタシは好きだね」

「うん、わたしも。ヒトデさんがカルチベートとか言い出したとき、『やば、ぜんぜんわからん！』ってあせったけど、イカりくんのそれはわかる気がする。わたしもほら、図書委員を三年間やってきたしさ」

「アンタには『やった』って実感があるんだね？」

「いちおうね。砂金ってほど大層なものじゃないけどさ、おとなになって図書新聞のバックナンバーを読み返したら『あのときのわたし、がんばってたんだな』って思えるんじゃないかな」

「じゃあ、タコちゃん。勉強する理由が『カルチベート』にある、っていう占いについては、納得できたかい？」

　ぼくは黙っていた。

「納得いかないんだね？　どこが引っかかるんだい？」

「ぼく……選んでないもん」

「えっ？」

　サワラモトさんが怪訝《けげん》そうな顔で聞き返した。

「イカリくんは、サッカー部を選んだ。そしてサワラモトさんは図書委員を選んだ。ふたりとも、自分で選んだ道で、三年間やりきった。それは尊敬するし、ほんとにカッコいいと思う」

「でも――？」

「ぼくは別に、勉強を選んだわけじゃないんだよ。やっぱり学校の勉強は、やらされてることなんだよ。そりゃ、三年間全力で勉強して、しお高とか合格したら、すこしは『やった』って思えるのかもしれないよ？　でも、それとイカリくんやサワラモトさんの『やった』は、ぜんぜん違うよ」

「タコちゃん――どうもありがとう」

　ヒトデはやさしい声でそう言うと、カルチベートの本をぼくに渡した。

「おかげでようやく、ここに来た理由を話すことができそうだ」

「ここに来た理由?」

「ああ。アタシたちがあの薄暗い路地を出て、わざわざこの本屋さんまでやってきた理由さ」

学ぶことの入口には「選ぶこと」がある

ヒトデはゆったりと周囲の本棚を見回しながら言った。

「たしかに、学校の勉強はアンタが選んだものじゃない。学校の先生から、そのもっと上にいるどこかのお偉いさんから、『これをやれ』って言い渡されたようなもんだ。ただ、考えてごらん。アタシたちの人生ってのは『選んだおぼえのないもの』ばかりでつくられていると思わないかい?」

「選んだおぼえのないもの?」

「たとえばアンタがタコに生まれたこと。アタシがヒトデに生まれちまったこと。これはアタシたちが自分で選んだことかい？」

「いや、選んでない」

「じゃあ、生まれた場所、生まれた時代、生まれ育った家はどうだい？　ほら、イシダイのお兄ちゃんも転勤族の家に生まれたんだろ？」

「う、うん」

「学校だって似たようなもんだ。その学校にはどんな先生がいて、担任はどんな先生になるのか、数学はだれが教えてくれて、国語の先生はだれなのか。そしてどんなクラスメイトと一緒に学ぶのか。このへんもいっさい、自分で選ぶことはできない。少なくとも、中学生のうちはね」

「いまさらそんなこと言ったって、どうにもならないよ！」

本屋さんにいることを忘れて、ぼくは叫んだ。くやしかった。

「そうだ。これはどうにもならない、いまさら変えられないことだ。じゃあ、勉強はどうだろう。そして、これからの人生はどうだろう」

「これからの人生？」

「歴史をさかのぼって話そう。むかしむかし、まだ世のなかにちゃんと

した学校がなかった時代。それでも世界の各地には、たくさんの『先生』がいた。お坊《ぼう》さんとか、芸術家とか、学者さんとか、いろんな分野の先生がいた」

ぼくとイシダイくんはうなずいた。

「彼《かれ》らはみんな『先生』だった。つまり、彼らのもとで学ぶ、弟子《でし》たちがいた。ここまではだいじょうぶだね？」

「うん」

「じゃあ、ここで考えてみてほしい。学校にいる『先生』と、いま話したような『先生』のあいだには、ひとつおおきな違いがある。なんだかわかるかい？」

むかしの先生といまの先生の違い？

なんとなくむかしの先生は、おじいちゃんっぽい感じがする。先生っていうより、師《し》匠《しょう》って感じがする。拳法《けんぽう》とか、魔術とか、剣術とか、マンガのなかでそういうのを教えるのは、みんな師匠だ。

「……むかしの先生は、師匠って呼ばれてたとか？」

「おおー。さすがタコちゃん、いいところを突いてくるね。そうだ、師匠ってのはおもしろいポイントだ」

「どういうこと？」

「たとえばここに、魔法使いをめざす少年がいたとする。彼は、自分が学びたいと思える師匠を探す。そして見つけた師匠に、『わたしに魔法を教えてください』と弟子入りを志願する。師匠が弟子入りを許す。そこからようやく教育が、つまり弟子にとっての『学び』がはじまる——。そういうマンガや映画は、たくさんあるよね？」

「うん」

「いいかい？　これが『学び』本来の姿なんだ。つまり、すべてのはじまりには『自分が学びたいと思える師匠を探すこと』があるんだ」

「……ということは」

イシダイくんのつぶやきに、ヒトデが答えた。

「学びってのは、学ぶ側が『選ぶもの』なんだよ。だからさっき言ってたイカリってお兄ちゃんの態度はまったく正しい。だれに学ぶか、なにを学ぶか。それを選ぶのは、アンタたちなんだよ」

「で、でも!!」

ぼくが続きを言おうとするより先に、ヒトデが言った。

「そうだ。いまの学校はそんな仕組みになっていない。入学式の当日、顔も名前も知らないおとなが教室にやってきて、いきなり『きょうからわたしが担任です。みんなわたしの言うことを聞くように』と宣言する場所が、学校だ。そんなのアンタたちが選んだ先生じゃないし、先生のほうだってアンタたちを選んだわけじゃない。ほとんどくじ引きみたいなもんだ」

「じゃあ、どうすればいいのさ!」

「まだわからないかい? ヒントは山ほど出てると思うけどね」

ヒトデは、両手をおおきく広げた。

「あっ」

本屋さん全体が一瞬、ぶわっと輝いた。

「――本だよ。アンタたちは『自分の本』を、選ぶことができるんだ」

本を選ぶことは、自分を選ぶこと

どくん、と心臓がおおきく脈を打った。

あのおまつりの日から、いや、バス停の前で最初のカードを拾ったあの日からこれまでに起きたぜんぶのことが、ぐるぐると猛スピードで頭を駆けめぐった。もうすこしで像を結び、意味が摑めそうだった。

「ここには、一〇〇万冊の本が揃っている」

ヒトデは、ゆっくりと四方の本棚を見やって続けた。

「本はそれぞれ、なにかを語りかけている。どうしても書いておきたいこと、伝えたいこと、ずっとずっと残しておきたいこと。先輩たちの真剣な思いが、本には込められている。ウソじゃないさ、真剣に書かれていない本なんて、一冊もない。どんなに軽い、さらさらっと書かれたような本だったとしても、そこにあるのは真剣だ」

ぼくたちはみんな、ひと言も聞き漏らしちゃいけないと直感していた。これまででいちばん、真剣に耳を傾けた。

「そしてアンタたちは、自分の家を飛び出した。退屈な学校を出て、この本屋さんまでやってきた。アンタたちの前には、一生かけても読みきれないだけの本がある。小説、エッセイ、雑誌、教養書、学術書、絵本、写真集、あるいはマンガ。だれが書いた、どんなジャンルの、どんな本を選ぼうと、アンタたちの自由だ」

ヒトデは立ち上がって両手を広げた。

「本屋さんに行って、自分が読む本を、自分ひとりで選ぶ。このときようやくアタシたちは『だれに学ぶのか』を選んで、『なにを学ぶのか』を選ぶことになるんだ」

「だれに学ぶのかを選んで、なにを学ぶのかを選ぶ……」

「しかもそれは、ただの『師匠』や『先生』を選んでいるんじゃない」

「なにを選んでいるの?」

心臓が、どくどくと脈を打つ。

ヒトデが、大事な秘密を打ち明けるように小声で言った。

「――自分の人生さ」


静寂が流れた。ほんとうに、音が消えた。

ぼくたちの前にはただ、一〇〇万冊の本棚が広がっていた。

くらくらと、目眩《めまい》がした。

まるで迷子になったような、知らない町に置いてけぼりにされたような目眩だった。

怖かった、と言っていいのかもしれない。

「アタシたちはずっと、『選んだおぼえのない自分』を生きてきた。中学生や高校生くらいまでは、とくにそうだ。選んでいいのはお菓子《かし》くらいで、大事なことはなにひとつ選べやしない」

ぼくたちは黙ってうなずく。

「でも、家を出る。本屋さんに行く。本棚を眺める。

そこでは、学校じゃ決して聞かせてくれないような話が、堂々と語られている。

むずかしい話もあれば、おもしろい話、
危険な話、残酷《ざんこく》な話、
思わず耳を塞《ふさ》ぎたくなるような話
だってあるだろう。
そしてアンタは、一冊を選ぶ。
両親も知らない、学校の先生も知らない、
仲良しの友だちだって知らない、
『自分だけの一冊』を選ぶ。
それは、本を選んだんじゃない。
自分の進む道を、選んだんだ。
自分はこっちを信じる。
自分はこっちに一歩踏み出すんだ、ってね」

「……本を選ぶことは、自分を選ぶこと？」

「ああ。そして自分を選んだその瞬間、
アンタはもう、子どもじゃなくなるのさ」

——あのカードだ。

道しるべのようにずっと届けられた、あのカードと同じ話だ。

ぼくはかばんをまさぐった。これまでのカードはぜんぶ、大事にしまってある。そうだ、自分ひとりで「遠く」まで歩み出すこと。二度と戻れないかもしれない「遠く」に行くこと。あのカードにはぜんぶ書いてあった。

するとヒトデが「タコちゃん、そしてみんな」と笑顔で声をかけた。

「ほしかったのはこのカードだろ？」


「遠く」というのは、ゆくことはできても、もどることのできないところだ。おとなのきみは、そのことを知っている。おとなのきみは、子どものきみにもう二どともどれないほど、遠くまできてしまったからだ。

「えっ？　えっ？　はっ？」

『あのときかもしれない』長田弘（ハルキ文庫『深呼吸の必要』収録）

同じカードを一枚ずつ受け取ったぼくたちは、お互いの顔を見合わせた。

「ちょっとちょっと、ど、どういうこと？」

「あっはっは！　アタシはね、この日に備えてアンタたちに、同じカードを配ってきたのさ。タコちゃん、お姉ちゃん、イシダイのお兄ちゃんと、それぞれにね」

「で、でも、わたしたちがチームを組むとか、一緒に会いに来るとか、知らなかったでしょ？　だってみんなと話す前からこのカード、机のなかにあったりしたよ？」

「――アタシが本物の占い師だってこと、そろそろ認めてくれたかい？」

ヒトデは、ぼくたちを笑うようにウインクした。

「ま、ほんとうは、このカード、ほかの子たちにも送っていたんだ。トビウオやアナゴのお兄ちゃんたちにもね。でも、あの子たちは素通りしていった。立ち止まることもしなかった。そこにカードがあるってことには、気づいたはずなのにね」

「えーっ、トビオくんたちにも⁉」

「一方、アンタたちは違った。アタシが投げかけたメッセージを、しっかりと受け止めてくれた。アタシに言わせるとアンタたちは、出会うべくして出会った運命の三人組なのさ」

すると今度は、サワラモトさんの矛先《ほこさき》がぼくたちに向く。

「それにしても、ふたりともちゃんと言ってくれなきゃ困るでしょ！　こんなあやしいカードを拾っといてさあ。わたし、ひとりでビビってたじゃん！」

「い、いや……それを言うならサワラモトさんだって」

「わたしは新聞のことで頭がいっぱいだったの！　いちいちこんなの拾ったとか相談するわけないじゃん！」

「まったく勘の悪い子たちだねえ、しっかりヒトデのマークまで入れて、ヒントを出してあげてたってのにさ」

「はあ？　これ、ヒトデのつもりぃ!?」

あきれたようにサワラモトさんが言う。


「こんなの星だと思うに決まってるじゃん！　ヒトデさんのへたくそ！」

ヒトデはぼくたちが笑い終わるのを待って言った。

「さあ、おしゃべりはこれくらいにして、実際に本を選んでいこう。自分のあしたを、選ぶんだ」

章

なかにれてもの

6

本棚の
描か
ゆく

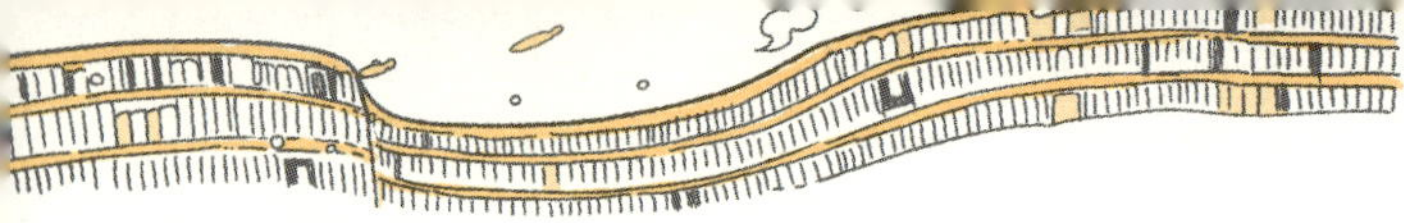

本を選ぶところから「ひとり」ははじまる

「じゃあ、ここからは自分の本を選んでいく時間だ。アタシはここで待っているからね」

制限時間は二時間。なんでもいいから三冊、自分の本を選んでくる。それがぼくらに課せられたルールだった。

「いいかい？　なにも『運命の一冊』を見つけようとか、『一〇〇万分の一冊』を探すんだとか、あまり大それたことを考えるんじゃないよ。自分の直感に従って、心が動いた本を三冊選べばいいんだ」

それからヒトデはもうひとつ、ルールを設けた。それは、自分がどんな本を選んだのかだれにも教えない、というルールだ。

「どうして秘密にしなきゃいけないの？　教えたほうがたのしそうじゃん。遠足のおやつを見せ合いっこするみたいで」

サワラモトさんが訊ねる。

「これからアンタたちが選ぶのは自分だけの、秘密の一冊だ。だれにも言わないからこそ、秘密の一冊を選ぶことができる。ちょっと友だちに知られるのが恥ずかしいような本でもね。だから選んだ本はさっさとレジに持っていって、ブックカバーをかけてもらいな。会計はあとでアタシが済ませておくからさ」

「ブックカバーも？」

「ああ、自分の部屋はともかく、外で読むときにはブックカバーをかける。電車やバスで読むときも、教室の片隅で読むときも、ブックカバーがあれば秘密は守られる。まわりの目を気にすることなく、自分ひとりの世界に入っていけるわけだ。アンタがなにを読んでいるのかは、アンタひとりしか知らないんだからね」

そうしてぼくたちはヒトデの合図とともに、一〇〇万冊の本棚に散らばっていった。

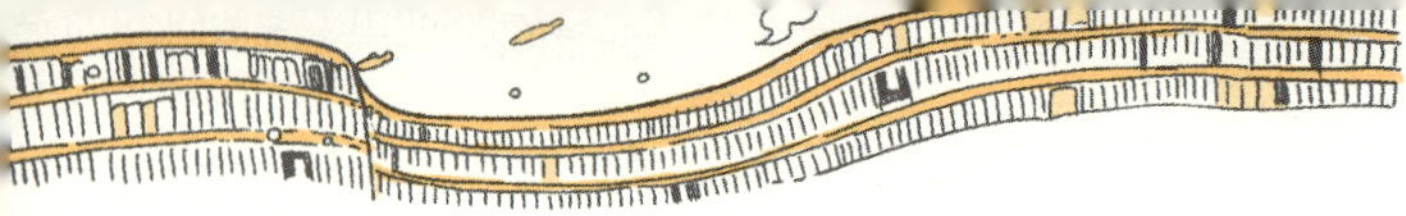

本屋さんっておもしろいな、とぼくは思う。
たとえばこれが遊園地だったら、ぼくたちは一緒に行動したと思う。同じジェットコースターに並んで、同じゴーカートで競走して、同じ観覧車に乗ったと思う。なのに本屋さんのぼくらはバラバラに散らばる。「本を読むときにはひとりになる」とヒトデは言ったけれど、本を選ぶところからもう、ひとりははじまっているんだ。
サワラモトさんは「新刊」の棚へと泳いでいった。イシダイくんはすこし迷ったあと、「新書」の棚に向かった。ふたりを見送ってぼくは文庫が並ぶ棚をめざした。
二時間後、ぼくたちはそれぞれの本を持って集まる。そして夜、それぞれの部屋で本を開き、自分が選んだ道を進みだすんだ。

文庫の棚には、たくさんの本が並んでいた。ヒトデによると、もともとおおきなサイズの本として売られていたものが、何年か経って文庫になるのが一般的な流れらしい。

そして文庫には、おわりに解説文がつけられていることが多いので、それも読むときの手がかりになると言っていた。裏表紙には紹介文があって、本の最後には解説文がある。しかもちいさくて、値段も安い。とにかく至れり尽《つ》くせりなのだ、文庫は。


一時間くらい経ったころ、うしろからイシダイくんが声をかけてきた。

「タコジローくん、いま何冊選んだ？」

イシダイくんは、ブックカバーのかかった本を二冊、手にしていた。

「まだ一冊だけ」

しかもぼくは、まだその一冊にもブックカバーをかけてもらっていなかった。黄色い表紙を隠しながらぼくは言う。

「でも、残りの二冊は早く決まると思う。なんていうか、ヒトデさんが言ってた『直感に従う』ってことの意味がすこしわかった気がするんだ」


それはほんとうだった。なにをどう選んだらいいのかわからなくって途方に暮れかけていたとき、ちょっと長い、不思議なタイトルの本を見つけた。

裏表紙の紹介文を見てみると、いろんなことばのあと「最後はホロリと涙のこぼれる感動のリアルストーリー」と締《し》めくくられている。感動モノの本がほしかったわけじゃない。でも、なんとなくタイトルと表紙のイラストに興味を惹かれてパラパラめくった。
そして、こんな一文に目が止まった。

人生なんてものは生きてみなけりゃわからない。

前後を読んでいないから、どういう意味のことばなのか実際にはわからない。
ただ、本選びに迷っていたぼくにこれは、本を読むことそのものの話をしているように聞こえた。本なんてものは、読んでみなけりゃわからない。だから、あれこれ考えずに直感に従う。そう、選んだ道がどこに続いてゆくかなんて、生きてみなけりゃわからないんだ。

『ぼくはイエローでホワイトで、ちょっとブルー』ブレイディみかこ（新潮文庫）

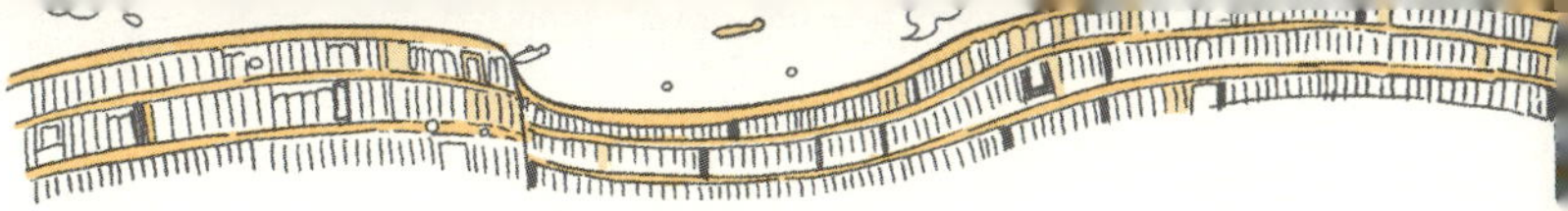

ぼくたちはたくさんの「自分」を生きている

二時間後、ぼくたちは集合場所の中央広場に集まった。

みんな、自分で選んだ三冊を手に、照れくさそうな笑みを浮かべていた。

「よし、みんな自分の本を選んだね。それでサワラのお姉ちゃん、どんな感じだい？　自分だけの本を選んでみた感想は」

「おもしろかった！　本を選ぶとか買うとか、これまで何回もやってるはずなんだけどさ。なんていうのかな、だれにも見せない『秘密の本』を買う、って考えるとすっごいドキドキした」

「いい本は見つかったかい？」

「たぶんね。でも、ほとんど直感で決めたから、早く帰って読みたい」

「タコちゃんはどうだい？」

「うん、見つかったと思う。ヒトデさんに言われたとおりのやりかたで、三冊とも文庫から選んだよ。ぼくも直感だったけど」

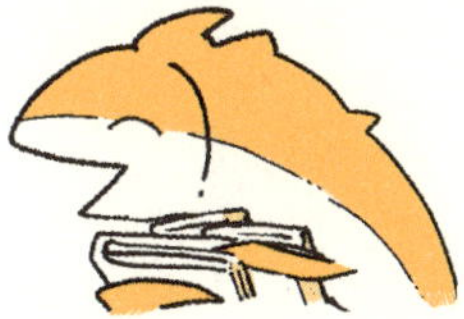

「なるほどね、イシダイのお兄ちゃんはどうだった？」

「ぼくも、うん。いい本が見つかったと思う。ただ、もしかしたらルール違反かもしれないけど、これ――」

そう言ってイシダイくんは、かばんのなかから一冊の新書を取り出した。タイトルは『演劇入門』。前に、ヒトデが持たせた本だ。

「この本、ヒトデさんに返すよ」

「気に食わなかったのかい？」

ううん、とイシダイくんは首を振った。

「ぼく、どうしても『自分の』がほしくて、もう一冊、自分用に買いなおしたんだ」

「おやおや。なんで買いなおしちゃったのさ？　これはアンタにあげた本なんだよ？」

「同じ本でも、占いの延長でヒトデさんにもらったのと、自分で選ぶのとでは違うでしょ？　ぼくはこれ、自分で選びなおしたかったんだ」

「――ふうん、なるほど。『自分だけの一冊』にしたかった、ってわけか」

ヒトデは、イシダイくんが手にした本を見て言った。

「読んでみて、なにか気に入ったことばでもあったのかい？　もしよかったら、アタシたちにも聞かせておくれ」

ヒトデに促《うなが》されて、イシダイくんは本を読み上げた。それはとても澄んだ、けれども遠くまで響く、聞いていてうっとりするほど気持ちのいい声だった。

私達は一日の中でいろんな役を演じているのです。
子供もまた、親の前では「子供」として振る舞い、学校に行けば「クラスメイト」になり、親しい仲間の前では「親友」になり、教師の前では「生徒」になり、バイト先では「社会人見習い」になり、好きな人の前では、「恋するドキドキ」になります。
「本当の自分はなんだ？」と悩んでいる場合ではないのです。

「わたしたちはいろんな役を演じている……」
サワラモトさんがつぶやく。
「うん。ぼくたちはみんな『演じる存在』で、みんな『自分』を演じているんだって。

『演劇入門　生きることは演じること』鴻上尚史（集英社新書）

その場その場で、いま必要な自分、そこで求められている自分、生き延びやすい自分を」

たしかに、お母さんの前での自分と、トビオくんたちの前での自分、先生と話すときの自分、そしてサワラモトさんたちとしゃべるときの自分は、ぜんぜん違う。どれも自分だけど、ぜったいに同じ自分じゃない。

「だからさ、ぼくも『転校生の自分』なんて演じなくていいと思えたんだ。いや、自分が『転校生の自分』を演じてきたことが、つくづくわかったんだ。転校生だろうとそうじゃなかろうと、『あかるい自分』とか『元気な自分』とか『気さくな自分』とか、別の自分を演じればいいんだ、って。性格なんか、関係なくね」

「そうよ！　イシダイくん、教室でもこんなふうにしゃべってくれたら、ぜったい人気者だもん！」

「たしかにアタシたちは、ひとつの自分で生きてるわけじゃない。たくさんの自分を抱えて生きている。たとえば尊敬してるだれかの前に出ると、ちょっと『いい自分』になるよね？」と、ヒトデはぼくを見た。

「うん」

「ただしそれは、うわべだけ『いい子』を演じているのとは違うんだ」

ぼくは、イカリくんと一緒にいるときの自分を思い浮かべた。イカリくんの前だとぼくは、いつもよりすこしだけ「いい自分」になるし、かしこくなったような気もする。思わずぼくは聞いた。

「でも、なにかを演じてるんでしょ?」

「違う。そのだれかと一緒にいることで、『いい自分』が引き出されているんだ。もともとアンタが持っていたはずの、ただ隠れていただけの、『いい自分』がね」

「いい自分が引き出される?」

「――そしてこれは本を選ぶうえでのいちばん大事な話でもあるんだ」

そう言ってヒトデは、にやりと笑った。

本は何冊読めばいい?

「きょうはアンタたちに、三冊の本を選んでもらった

ね。それで『好きな本を三冊選んでおいで』って言われたとき、なにか不思議に思わなかったかい？」

「思った」

すぐさま、イシダイくんが手を挙げた。

「ヒトデさん、あれだけ『自分だけの一冊』の話をしていたのに、実際に選ぶときになったら三冊だなんて、ちょっとおかしいと思った」

「そう、そこだ。『自分だけの一冊』だったはずなのに、これじゃ『自分だけの三冊』じゃないか、ってね」

じつはぼくも、そこはすこし気になっていた。でも一冊に絞り込むことがむずかしそうで、そのまま聞き流すことにしていたんだった。

「ほら、アンタたちも聞いたことあるだろ？　『座右の一冊』とか『人生ベストワンの本』とか、そういうことば」

「うん」

「アタシはあれ、ウソだと思ってるんだ。だって、そんな簡単に『いちばん』なんて決められるものかい？　そもそも、決めなきゃいけないものかい？　さっきも言ったようにアタシたちは、たくさんの自分を抱えて生きている。

やさしい自分、冷たい自分、臆病《おくびょう》な自分、大胆《だいたん》な自分、あかるい自分、おとなしい自分、社交的な自分、引っ込み思案な自分、ぜんぶ『自分』だ。それだからみんな『自分』がわからなくなって、占いの扉を叩く。『ほんとうの自分』はどこにいるんですか、ってね」

「ほんとうの自分って……いるの？」

イシダイくんがつぶやいた。

「いるもんか。だから、占い師に『アンタはいつもあかるく振る舞っているけど、ほんとうはさみしい気持ちを持っているよね』と言われたら、みんなドキッとする。なぜって、あかるい自分もさみしい自分も、どちらもほんとうにいるんだからね」

「なるほどねー。たしかに占いって、どんなこと言われても、なんか当たってる気がするもんね。『言われてみれば、そうなのかも？』みたいな」

サワラモトさんは深々と感心した。

「そう。だから自分にとって大切な本を、たった一冊に絞るなんてことはしなくていい。むしろたくさん並んだ本棚のなかに、モザイク画みたいな自画像が浮かんでくるんだ」

「モザイク画？」

「ガラスとか、石とか、貝殻《かいがら》とか、たくさんの欠片《かけら》を寄せ合わせて、ひとつの絵をつくっていくやりかたさ。ひとつひとつはただの貝殻なのに、すこし離れて見るとなにかの絵になっている。アタシたちの本棚も同じだ。一冊一冊はなんのつながりもない本なのに、それを本棚全体として眺めてみると、自画像が浮かんでくるんだよ」

「ぜんぜん関係のない本の集まりが？」

「ああ。これからアンタたちの本棚には、たくさんの本が並んでいく。心が洗われるような青春小説、ハラハラドキドキのサスペンス、魂が震える純文学、目を開かせてくれるノンフィクション、頭が沸騰《ふっとう》するくらいにむずかしい哲学。旅行記をおもしろく思う自分もいれば、ＳＦやファンタジーにハマる自分もいる。ホラー小説にゾクゾクすることだってあるだろう。どれも欠かすことができない『自分』だ。そうしてバラバラだったはずの本が集まっていつしか、ぼんやりとした自画像ができあがっていくのさ」

「いやいやヒトデさん、ちょっと待ってよ」

シェルフォンで「モザイク画」を画像検索したサワラモトさんが言った。

「モザイク画ってこれ、ちょー細かいじゃん。いったい何冊の本を集めたら、自画像が浮かんでくるわけ？　もし何百冊とか何千冊とか言われたら、わたしぜったいに無理だからね」

「そこは安心してほしい。アタシはね、自画像をつくる冊数には、わかりやすい基準を持っているんだ」

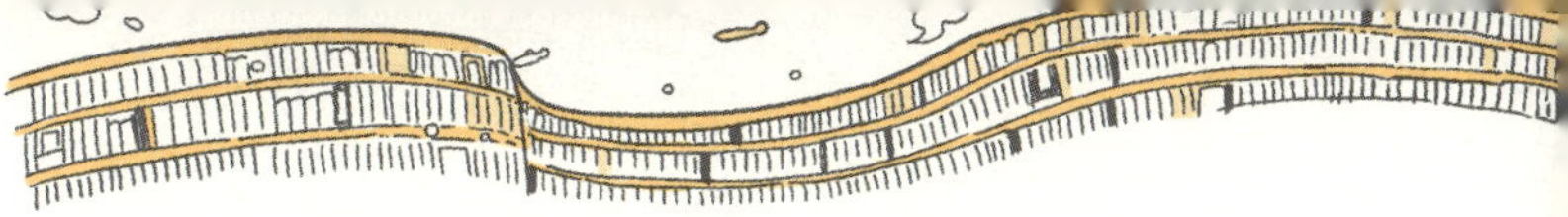

「どんな基準？　何冊くらい必要なの？」

「――自分の年齢《ねんれい》と同じ数さ。いま、アンタたちは中学三年生だろ？　だったら十五冊の本棚をめざすんだ。きっとその十五冊のなかに、アンタ自身でさえ知らなかった『自分』が映し出されるはずだよ」

「たった十五冊でいいの!?」

イシダイくんが言って、あわてて付け加えた。

「いや、十五冊も大変といえば大変だけどさ、でも、たったのそれだけ？　だってぼくたち、もう三冊も選んじゃったんだよ？　何百冊とか何千冊とか読まなきゃいけないんじゃないの？」

「よし。それじゃあ特別に、アタシの本棚を見てもらうことにしようか」

ヒトデはにっこりと笑って、そう言った。

「実際に見てもらえば、アタシの言ってることもわかるはずだ」

本棚に自画像を描け

そうしてヒトデは、水晶玉を使わずになにかの呪文を唱えはじめた。簡単な呪文ではないようで、ヒトデの身体はみるみると赤くなっていく。すると、くじら書店全体の本棚が、ガタガタと震えはじめた。「えっ？　えっ？　なに？　なにが起きるの？」。サワラモトさんがぼくの腕を摑む。

「ええーい!!」

ヒトデが大声で叫んだそのとき、四方八方の本棚からたくさんの本が飛び出した。そして群れをつくるようにびゅんびゅんと、ぼくたちの広場へ泳いでくる。何百、何千、いや何万かもしれない、とにかくとんでもない数の本だ。やがて本は映画館のスクリーンみたいに整然と、ぼくたちの前に壁をつくった。ふぅー、とおおきく深呼吸したヒトデが、目を開いて言った。

「さあ、これがアタシの本棚だ。もちろん家にあるのとほとんど同じ本で、ざっと再現したものだけれどね」

「ひゃー」

そんなまぬけな声しか出ないほど、壮観《そうかん》だった。いったい何冊の本があるんだろう。ヒトデはこれまで、何冊の本を読んできたんだろう。

「あれ!? ちょっと待って!」

すこしうしろに下がったサワラモトさんが叫んだ。

「これ、ヒトデさんの絵になってるじゃん! ほら、タコジローくん、イシダイくん、ここまで下がって見てごらんよ、真ん中のところにヒトデさんがいるよ!」

えっ? なにを言っているのかわからず、ぼくはサワラモトさんのいるところまで下がっていった。

「わあ!」

「ほんとうだ!」

たしかに、たくさん並んだ本のまんなかあたりに、ヒトデの全身が、星みたいなシルエットと占い用のヴェールが、しっかりと浮かんでいる。

「すごい! ねえヒトデさん、これがヒトデさんの自画像ってこと? これぜんぶで何冊くらいあるの？」

「ぜんぶで何冊あるのかは知らないね。長生きしてるぶん、それなりにたくさんの本を読んできたからさ。ただ、まんなかのところでアタシの自画像をつくっている本の数は、はっきりしている。――ぴったり五四一冊だ」

「五四一冊⁉　それってもしかして……」

「アタシの年齢だよ」

「えええー‼」

ぼくたちは声を揃えておどろいた。ご、五四一歳？

「いいかい？　どれだけしっかり選んだつもりでも、本には当たりもあればハズレもある。おそらく、いまアンタたちが買った三冊のなかにも、当たりハズレはあるだろう。それはもう、仕方のないことだ」

「三冊ともハズレって可能性も？」

「もちろんある。――でもね、それはまったく無駄なことじゃないんだ。なんとなく自分には合わなかった本。その日の気分に合わなかった本。むずかしすぎて理解できなかった本。十分にたのしんだけど、たのしいだけで終わった本。そういう本はすべて、自画像の『背景』になっていく。だから、きょう選んだ本がイマイチだったとしても、

なにも気にしなくていい。読んで損したとか、時間の無駄だったとか、思わなくていい。それはアンタの自画像に深みや彩《いろど》りを与えてくれる、大切な背景になるんだからね」

「そして、実際の自画像をつくるのは十五冊？」

「そう。さっきイシダイのお兄ちゃんは『たったそれだけ』と言ったけど、アタシに言わせればすごい数だと思うよ。ほんとうに大切な本が、アンタたちの年齢で十五冊もあるなんてことは」

ぼくたちはもう一度、自分が選んだ三冊に目を落とした。これが自画像になるのか、それとも背景になるのか、さっぱり想像がつかない。

「じゃあ、そろそろ帰ることにしよう」

ヒトデは満足げにぼくたちを見て言った。

そしてぼくたちは町に帰った

帰り道のことを思い出すと、いまでも不思議な、あれは夢だったんじゃないかという

気持ちになる。
まず、ヒトデが天井のほうへとひらひら泳いでいった。やがて天井のあたりに、縦に続くおおきなトンネルが見えてきた。どこまでも暗い、不気味なトンネルだ。なにも言わず先を行くヒトデを追って、気がつくとぼくはサワラモトさんの手を握っていた。

「さあ、ここが特等席だ」

ひんやりとしたトンネルの出口付近で、ヒトデは泳ぐのをやめた。

「このトンネルは？」

「さっきアタシたちが放り出された潮の出口さ。この展望台から、みんなで外を眺めるとしよう。きっといい景色がたのしめるよ。——さあ、くじらの店長さん、景気よく行っておくれ！」

おおーん、おおおーん。あの咆哮《ほうこう》が、足元から海全体に響き渡った。

それと同時に、くじらがおおきく旋回しはじめる。

「えっ？　えっ？　どういうこと？」

「うわー!!」

海へと放り出されそうになるぼくたちにかまわず、くじらは海の奥深くへと潜行《せんこう》していった。光の届かない海のなか、猛スピードで泳ぎ抜けていく。ちいさな深海魚たちの光が、流れ星のようにびゅんびゅんとぼくたちのそばを過ぎ去っていった。海の水はますます冷たくなっていったけれど、不思議と寒くなかった。

ごうごうとうなる水流のなか、サワラモトさんとヒトデが大声で会話する。

「くじらさん、わたしたちの町まで送ってくれるの？」

「ああ。遠慮《えんりょ》はいらないよ、くじらの店長にしてみれば、アンタたちの町なんてほんのご近所だからね！」

ぼくはわくわくしていた。いきなりこんなにおおきなくじらがやってきたら、町じゅうパニックになるはずだ。「くじらの大神さまがやってきた！」と、大騒ぎになるはずだ。イカリくんはどう思うだろう、トビオくんはどんな顔をするだろう、カニエ先生はなんて言うだろう。くじらの泳ぎは、ますますスピードを上げていく。

「ねえ、ヒトデさん！」

ぼくが呼びかけるのと同時に、おおーん、おおおーん。くじらは海面に向かって猛然と浮上《ふじょう》していった。

「なんだい⁉　早く言いな！」

「どうもありがとう！　ぼくたちを見つけてくれて、つなげてくれて、ほんとうにありがとう！」

やさしく微笑んだヒトデはぼくの耳元に顔を近づけると、聞こえるか聞こえないかくらいの声で、ひと言つぶやいた。

「――えっ？」

おどろくぼくの顔を見てうなずいたヒトデは、みんなに呼びかけた。くじらは猛スピードで海面をめざしている。

「さあ行くよ！　みんな、アタシに摑まりな！」

そして――ぼんっ!!
ぼくたちはふたたび、光のなかに放り出された。でも、さっきと違って降り注ぐ光は、蒼い月明かりだった。

消えたくじらの大神さまとヒトデの占い師

気がつくとぼくたちは、ヒトデの屋台の前にいた。

くじらの姿は影もかたちもなく、あたりはしんと静まりかえっている。

ぼくは、夢じゃないことを確かめるように自分の手を見た。そこにはちゃんと、さっき選んだ三冊の文庫が握りしめられている。イシダイくんも、サワラモトさんも、自分の本を手にしたまま、あたりをキョロキョロ見回していた。


どんなに捜しても、ヒトデの姿は見当たらなかった。

ヒトデの屋台は灯りが消えて、ただたくさんの本だけが残されている。くたびれはてたぼくたちは、ヒトデの捜索をあきらめて、それぞれのバスで帰路についた。

ターミナルに向かうまでのあいだ、どんな会話を交わしたのか、ほとんど憶えていない。

翌朝、学校に行くと教室のみんながざわざわと集まっていた。見ると、トビオくんがなにか騒いでいる。

「どうしたの？」

ぼくは遠巻きに見ていたフグイさんに訊ねた。振り返ったフグイさんは、「ああタコジローくん、ちょっと聞いてよ」とあきれたように笑いながら「なんかトビオくん、きのうの夜、くじらの大神さまを見たんだって」と教えてくれた。

「ほんとなんだって！」

トビオくんが教壇《きょうだん》のあたりで叫んでいる。

「塾《じゅく》の帰りにさ、あたり一面が急にまっ暗になったんだよ。もう夜だってのに、ふつうの夜よりずっとまっ暗になったの！　それでなんとなく上を見たら、でっかい影がごごごご、って動いてたんだ。最初はなんの影だかわからなかったけど、よく見たらそれ、くじらだったんだよ。くじらの大神さまが、泳いでたんだよ！」

イシダイくんとサワラモトさんは自分の机に向かったまま、笑いをかみ殺すように肩を震わせている。

「いくら目立ちたいからって、あんな子どもじみたウソつかなくてもねえ」

ため息をついて、フグイさんが言った。

「ほんと、子どもじゃあるまいし、ありえないよね、大神さまなんて」

笑ってぼくも、首を振った。

新聞づくりは難航した。

まず、ぼくたちはサワラモトさんのメモを頼りに、どの話を掲載《けいさい》するか話し合った。いろんな意見が出て、なかなかまとまらなかった。

「でもさあ」

ペンを置いて、遠くを見ながらサワラモトさんが言う。

「――みんな、信じてくれるかなぁ？」

サワラモトさんが言っているのは、ヒトデのことだった。あの日、くじら書店から帰ってきて以来、ヒトデはぱったり消息不明になってしまったのだ。より暗さと静けさを増した路地には、屋台と本棚だけが残されていた。


イシダイくんは、「ヒトデは仕入れに出かけている説」を唱えた。

思えばあの日、仕入れに行かなきゃと言っていたくせにヒトデは、一冊の本も持ち帰らなかった。ぼくたちの世話ばかり焼いて、自分の仕事を忘れていた。

「だからくじらを追いかけて、仕入れに出かけたんだよ。それでたぶん、くじらはずいぶん遠くにいるんだよ」

一方でサワラモトさんは、「ヒトデ迷子説」にこだわった。くじらの潮と一緒に吹き出されたとき、遠くに飛ばされて迷子になっている、というのがサワラモトさんの主張だ。

「だってヒトデさん、泳ぐの苦手でしょ？　潮で飛ばされたとき、シロサンゴの森とかに落ちちゃったんじゃないかな。それで出られなくなってるんじゃないかと思うんだよね。あとは隣町に出ちゃったとか」

ぼくは――なにも言わなかった。どんな説も唱えなかった。ただふたりの話に、うなずいていた。

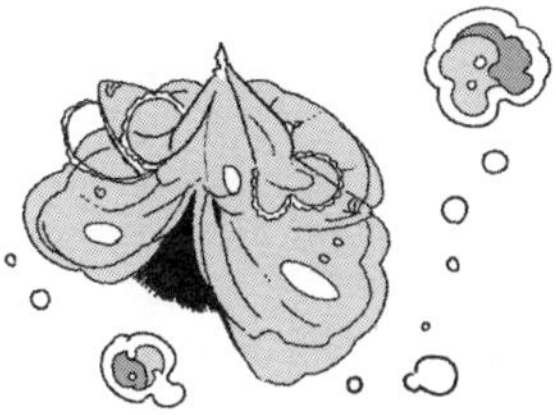

あの日、くじらに乗って町に着く直前、猛スピードで浮上するなかぼくは、ヒトデにありがとうと叫んだ。やさしく微笑んだヒトデはぼくの耳元で、たしかに言った。
「あとは頼《たの》んだよ」

もう会えないんだな、と心のどこかで直感した。

アンタたちにはもう、アタシは必要ない。

なぜってアンタたちはもう、子どもじゃないんだから。

――ヒトデに、そう言われた気がした。

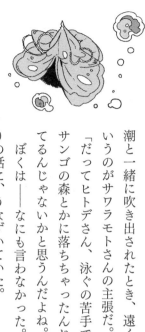

十二月、最後の三者面談がやってきた。

お母さんと一緒に、カニエ先生の待つ教室に入る。

「どうだ？　受験勉強のほうは。順調に進んでるか？」

椅子に座るなり、先生が聞いてきた。はあ、とか、まあ、とか、あいまいに返事をしながら話が進んでいく。カニエ先生からは、先月に受けた模試の結果、ぼくの授業中の態度がずいぶんよくなっていること、イカリくんが休むようになってから心配していたけど、あたらしい友だちができた様子であること、などが報告された。お母さんは隣で何度もうなずき、「ありがとうございます」をくり返していた。

「じゃ、そういうわけでタコジローくんはおおきな懸念事項《けねんじこう》もございませんし、あとは受験本番に向けて身体にだけは気をつけて……」

先生が話を切り上げようとしたとき、ぼくは「先生」と言って立ち上がった。

「あの、ぼく……第一志望を、うみのなか高校に決めます」

はっ？　先生とお母さんが、ぼくの顔を見た。

「いやお前……」

カニエ先生は書類に目を落として言う。

「そりゃ知ってるとも。だって、この前の面談で一緒に決めたじゃないか」

「はい。前と同じと言えば同じなんですけど……ぼく、もう一度自分で考えて、ちゃんと選びなおしたんです。やっぱり、うみのなか高校を受ける、って」

「お、おう。先生もお母さんもそのつもりだったけど、うん。そうだな、願書も準備しとかないとな」

「はい」

教室を出たあと、不思議そうな顔でこちらを見るお母さんにぼくは、「きょうは図書室で勉強して帰る」と告げて、そのまま別れた。手足は青く震えているのに、顔は紅潮していた。


図書室に行くとサワラモトさんとイシダイくんが、いつものテーブルで待っていた。サワラモトさんは、にこにこしながら「どうだった?」と聞いてくる。

「うん。うみ高になった。先生に言われたからじゃなくって、自分でうみ高に行くって決めたし、宣言した」

「よーし、新聞仲間ゲットォ! 入学したらもうひとり、新メン

バー見つけなきゃね。あたらしい部を申請《しんせい》するには、三人以上の生徒が必要らしいから」

　サワラモトさんは、おきのうみ高校をやめて、うみ高を受けることにしていた。三者面談にお母さんはやってこなかったけど、お母さんにもサワラモトさんにも、進学先にこだわりはないらしい。カニエ先生も「まあ、こっちは安全圏《けん》といえば安全圏だもんな」と同意してくれたそうだ。

「ほんとはさー。イシダイくんもうみ高にしてくれて、このメンバーで新聞部をつくることができたら最アンド高、だったんだけどねー。わたし、ちょっと本気でそれ、期待してたもん」

　イシダイくんは苦笑いを浮かべて「まあ、そっちの人生もおもしろかっただろうけどね」と、読んでいた本を閉じた。図書室の本じゃない、くじら書店のブックカバーのかけられた本だった。


「――ぼくさ」

　唐突にイシダイくんが打ち明けてきたのは、先週の編集会議だった。

「やっぱり、しお高を受けることにする」

「うん。それ知ってる」

サワラモトさんが、いかにも興味なさそうにノートと睨めっこしたまま即答《そくとう》した。

「それでぼく、演劇部に入ろうと思う」

「えっ!?」

ぼくたちは急に食いついた。

「あの、演劇入門の本を読んで?」

「うん。あの本のサブタイトル、『生きることは演じること』っていうんだけどさ、中身を読んだらほんとうにそのとおりだと思ったんだ。それで読んでるうちに、だんだんと演劇やってみたくなってさ」

「でも、しお高にするのはなんで?」

「調べてみたら、しお高の演劇部は毎年みたいに大会で優勝してるんだって」

「いいじゃん! わたしさ、イシダイくんのこと、いい声してるなあって前から思ってたんだよね。だからそれ、すっごくいいと思う!」

すごいな、と思った。イカリくんはサッカーでしお高を選んだ。そしてイシダイくんは同じしお高を演劇で選んだ。だけど、ふたりの選びかたはぜんぜん違う。

まず、イシダイくんは演劇なんかやったことないし、できるかどうかもわからない。でも、こんなふうになにかをはじめてもいいんだ。人生って、こんなふうに本一冊で決めちゃってもいいんだ。なにか、全身にオオクラゲの電流が走るくらいのショックを受けた。「タコジローくんはどうする?」と聞かれている気がした。

そしてぼくが決めたのは、うみ高に行くことだった。

前の面談でカニエ先生にすすめられたとおりの進路だけど、自分の意志でもう一度、決めた。やっぱり、うみ高にする。サワラモトさんと、うみ高に行く。調べてみると、うみ高に新聞部はない。でも、新聞部がないんだったら、自分たちでつくってしまえばいい。サワラモトさんにぼくの決意を伝えると、飛び上がってよろこんでくれた。イシダイくんも同じくらい、よろこんでくれた。ぼくの決めた自分の進路が、こんなにだれかのよろこびになるなんて、ちょっと信じられないことだった。

「それにしてもヒトデさんはさあ」

放課後の図書室で、テーブルに突っ伏したサワラモトさんが言った。

「どうしてこのカード、わたしたちにくれたんだろうね」

あの、詩のようなことばが書かれた星のカードのことだ。ぼくは何度目を凝らしてもこのマークがヒトデには見えず、星だとしか思えなかった。

「でも、トビオくんとかアナゴウくんたちの前にも、同じカードを落としてたって言ってなかった？　別に、ぼくたちだけを選んでたわけじゃないんだよ」

不思議そうに返すイシダイくんに、サワラモトさんは首を振る。

「ううん。そうじゃなくって、どうしてこのことばを選んだのかな、って。これってたぶん、なにかの本からヒトデさんが選んだことばなんだよね？」

ぼくはかばんから一枚目のカードを取り出した。


「遠くへいってはいけないよ」。子どものきみは遊びにゆくとき、いつもそう言われた。いつもおなじその言葉だった。誰もがきみにそう言った。きみにそう言わなかったのは、きみだけだ。

『あのときかもしれない』長田弘（ハルキ文庫『深呼吸の必要』収録）

「きみにそう言わなかったのは、きみだけだ……」

ぼくは、立ち上がってふたりの顔を見た。

「ねえ、ヒトデさんのところに行こう！」

「いや、行こうもなにも、ヒトデさん消えちゃったじゃない」

「消えちゃっててもいいから、あの屋台まで行こう。いますぐ、早く！」

「どうしたってのよ、ちょっと、タコジローくん！」

ぼくはそのまま図書室を出て、バス停に急いだ。


路地裏の屋台に到着するとぼくは、そのままカウンターのなかに入った。

「ねえ、タコジローくん！　なにするつもりなの？　もしかしてヒトデさんの本、勝手に持って帰るつもり？」

サワラモトさんがあきれたような声で言う。

「違う！　行こうよ、もう一度。くじら書店まで、ぼくたちだけで行ってみようよ。この扉を開ければ、あっちの海につながってるんだから！」

「あんな遠くまで、ぼくたちだけで!?　ヒトデさんがいなかったら、行きかたなんかわからないよ」

おどろいたようにイシダイくんが言う。けれど、ぼくの決心は変わらない。

「だいじょうぶ！　ぼくたちだけでも行けるはずなんだ。だからヒトデさんは、ぼくたちの前からいなくなったんだ」

ぼくは、おおきな本棚に手をかけて、思いっきり横に引いた。ほんのすこしだけ動いた本棚の隙間から、光の線が漏れた。

「この扉、本がぎっしりですごく重たい！　イシダイくん、サワラモトさん、ふたりとも手伝って！」

ふたりは、あわててカウンターに入ると一緒に本棚を引いてくれた。ごろ、ごろ、ごろ。本棚が動くたびに光はまぶしさを増し、扉が開ききったころには路地一面がまっ白に照らされていた。

「うわぁー!!」

サワラモトさんが、おおきな声を上げた。まぶしさに目を細めながら扉の向こうを見ると、そこには思ってもみない光景が広がっていた。

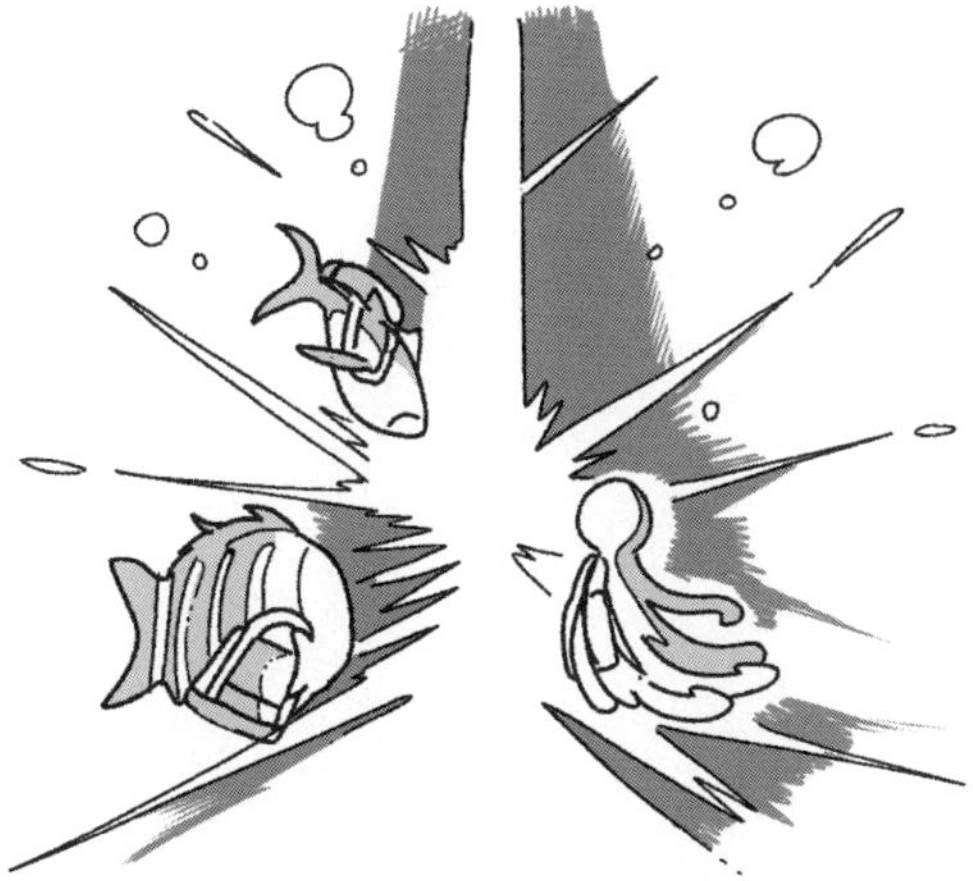

「これってもしかして、くじら書店!?」

なにがどうなっているのかわからない。でも、目の前に広がっていたのは漆黒《しっこく》の海ではなく、あのくじら書店だった。入口横の長いレジカウンター、見渡すかぎりに整然と続く壁のような本棚、そして中央に設けられた円形の広場。完ぺきに、一〇〇万冊のくじら書店だった。

「ちょっと、ちょっと、行ってみようよ!」

興奮したサワラモトさんが、真っ先に飛び込んだ。ぼくも、イシダイくんも、そのあとに続いた。

たくさんの魚たちが本棚と睨めっこして、これからの自分を選ぼうとしていた。

たくさんの魚たちが本を開いて、自分と語り合っていた。

たくさんの魚たちが自分の本を手に取って、わくわくしながらレジに向かっていた。

静かだった。静かだけれど、にぎやかだった。

まるで音を消した、おまつりみたいに感じられた。ずっとここにいたいと思った。ぼくだってぼくを選びなおすことは、できるはずだ。突然そんな気がした。

「ねえ、ふたりとも!」

笑顔で振り返ったサワラモトさんが言った。

今週のオススメベスト3!
くじら
と
うつわ
本さがしのお手伝い

「図書新聞の特集、これにしよう！　くじら書店の大特集号！　『本屋さんがなかったわたしたちの町に、ついに本屋さんがやってきました！』ってね！」

そのとき、イシダイくんが天井を見上げて「あっ！」と言った。
あかるい天井から、はらはらと一枚の紙が舞い降りてくる。
よく見るとそれは、あの星のカードだった。
ぼくは手を伸ばし、カードをつかまえた。
サワラモトさんとイシダイくんが、顔をくっつけるようにしてうしろから覗き込む。
そこに書かれていたのは、こんなことばだった。

子どものきみは、ある日ふと、もう誰からも「遠くへいってはいけないよ」と言われなくなったことに気づく。そのときだったんだ。そのとき、きみはもう、一人の子どもじゃなくて、一人のおとなになってたんだ。

『あのときかもしれない』長田弘（ハルキ文庫『深呼吸の必要』収録）

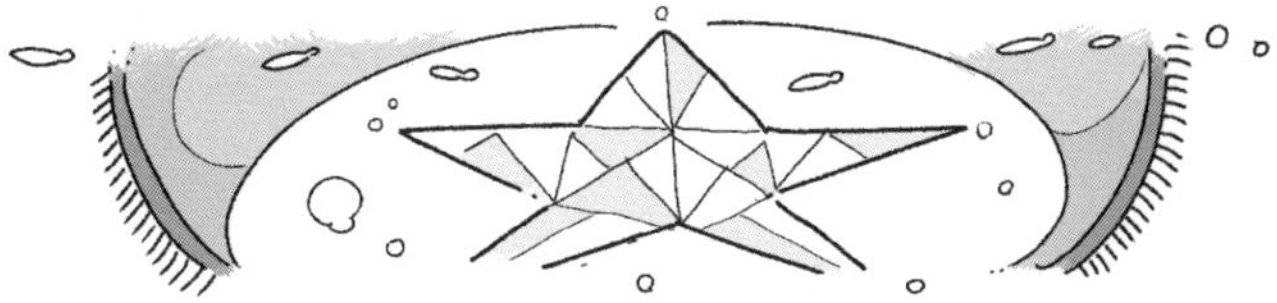

ぼくはカードを握りしめたまま、天井を見上げた。

やわらかな光をたたえた天井のステンドグラスが星のかたちをしていたことに、ぼくははじめて気がついた。

——ヒトデはぼくたちがここに戻ってくることを知っていた。

ぼくたちがここに戻ってくると、信じていた。

ヒトデはいまごろどこかの町で、あたらしい子どもの未来を占っているんだろう。なぜか、そう思えた。

「遠くへいってはいけないよ」。子どものきみは遊びにゆくとき、いつもそう言われた。いつもおなじその言葉だった。誰もがきみにそう言った。きみにそう言わなかったのは、きみだけだ。

「遠く」というのは、きみには魔法のかかった言葉のようなものだった。きみにはいってはいけないところがあり、それが、「遠く」とよばれるところなのだ。そこへいってはならない。そう言われれば言われるほど、きみは「遠く」というところへ一どゆきたくてたまらなくなった。

「遠く」というのがいったいどこにあるのか、きみは知らなかった。きみの街のどこかに、それはあるのだろうか。きみはきみの街ならどこでも、きみの掌のようにくわしく知っていた。しかし、きみの知識をありったけあつめても、やっぱりどんな「遠く」もきみの街にはなかったのだ。きみの街には匿《かく》された、秘密の「遠く」なんてところはなかった。「遠く」とはきみの街のそとにあるところなのだ。

ある日、街のそとへ、きみはとうとう一人ででかけていった。街のそとへゆくのは難しいことではなかった。街はずれの橋をわたる。あとはどんどんゆけばいい。きみは急ぎ足で歩いていった。ポケットに、握り拳を突っこんで。急いでゆけば、それだけ「遠く」に早くつけるのだ。そしたら、「遠く」にいったなんてことに誰も気づかぬうちに、きみはかえれるだろう。

けれども、どんなに急いでも、どんなに歩いても、どこが「遠く」なのか、きみにはどうしてもわからない。きみは疲れ、泣きたくなり、立ちどまって、最後にはしゃがみこんでしまう。街からずいぶんはなれてしまっていた。そこがどこなのかもわからなかった。もどらなければならなかった。きた道とおなじ道をもどればいいはずだった。だが、きみは道をまちがえる。何遍もまちがえて、きみはわッと泣きだし、うろうろ歩いた。道に迷ったんだね。誰かが言った。迷子だな。べつの誰かが言った。迷子というのは、きみのことだった。きみは知らないひとに連れられて、家にかえった。叱られた。

「遠くへいってはいけないよ」。

子どもだった自分をおもいだすとき、きみがいつもまっさきにおもいだすのは、その言葉だ。子どものきみは「遠く」へゆくことをゆめみた子どもだった。だが、そのときのきみはまだ、「遠く」というのが、そこまでいったら、もうひきかえせないところなんだということを知らなかった。

「遠く」というのは、ゆくことはできても、もどることのできないところだ。おとなのきみは、そのことを知っている。おとなのきみは、子どものきみにもう二どともどれないほど、遠くまできてしまったからだ。

子どものきみは、ある日ふと、もう誰からも「遠くへいってはいけないよ」と言われなくなったことに気づく。そのときだったんだ。そのとき、きみはもう、一人の子どもじゃなくて、一人のおとなになってたんだ。

『あのときかもしれない』長田弘(ハルキ文庫『深呼吸の必要』収録。初出は晶文社より1984年に刊行)

今回、タコちゃんたちを占うなかで本棚から飛び出してきた本たちをあらためて紹介するよ。どれもおもしろい本だから、気になった本があったら書店で探しておくれ。

『飛ぶ教室』

エーリヒ・ケストナー 作／池田香代子 訳
岩波少年文庫

全寮制《ぜんりょうせい》の学校に通う、子どもたちの物語だ。「飛ぶ教室」というのは彼らがクリスマスに演じるお芝居《しばい》の名前。個性豊かな生徒たちが困難を乗り越え、友情を育み、おとなたちと心を通わせるすばらしい物語だ。

『夜を乗り越える』

又吉直樹
小学館よしもと新書

芸人で、おおきな文学賞も獲《と》った作者が「なぜ本を読み、なぜ本を書くのか？」について語った本だ。本との出会いから小説を書くようになったきっかけ、そしていまも本を読み続ける理由まで、たっぷり語られている。

『シーシュポスの神話』

カミュ 作／清水徹 訳
新潮文庫

じつは「シーシュポスの神話」ってお話自体は、十ページにも満たない短いものだ。でも、頭から煙《けむり》が出るほどむずかしい。「不条理」ってテーマに正面から立ち向かった作者に、正面からぶつかる読書が待っているはずだ。

『若きウェルテルの悩み』

ゲーテ 作／高橋義孝 訳
新潮文庫

永遠の青春文学と言ってもいい古典だ。ある女性に恋をしたウェルテルという若者の物語で、恋のすばらしさと恐《おそ》ろしさの両方が見事に描かれている。若さのなかに潜《ひそ》む、危《あや》うさについてもね。

『待つ』
太宰治
角川文庫（『女生徒』収録）

女性の独白文を得意としていた作者の、隠れた名作だ。ただ駅前でだれかを待つ二十歳《はたち》の女性の告白が、リズミカルに、そして切迫《せっぱく》感を持って続いていく。彼女はだれを（もしくはなにを）待っているんだろうね？

『愛のパンセ』
谷川俊太郎
小学館文庫（『愛について／愛のパンセ』収録）

現代を代表する詩人が「愛」について語ったエッセイだ。愛についての詩も、たくさん収められている。本はなにも小説やエッセイばかりじゃない。詩人のことばに触れることも大切な読書だよ。

『幸福について』
ショーペンハウアー作／鈴木芳子訳
光文社古典新訳文庫

自分はなにを持っているとか、他者からどう思われているかよりも、「自分は何者であるか」が大切であり、幸福の条件なのだと語る哲学の本。なかなかむずかしい本だけど、たくさんの金言が埋まっているよ。

『カラマーゾフの兄弟 上中下』
ドストエフスキー作／原卓也訳
新潮文庫

欲深い父の下に生まれた三兄弟、いや四兄弟をめぐる壮絶な悲劇。登場人物の名前を憶えるのは面倒だけど、そこさえクリアできればおもしろく読めるはずだ。最初は同じ作者の『罪と罰』のほうが読みやすいかもしれないね。

『羊と鋼の森』
宮下奈都
文春文庫

あるピアノの調律師と出会い、その道をめざして成長していく青年の姿を描く物語。それこそピアノの音のように、静かで澄んだことばの響きが心地よい作品だ。心が洗われるような読書が待っているよ。

『わたしを離さないで』

カズオ・イシグロ 作／土屋政雄 訳
ハヤカワepi文庫

ある施設《しせつ》で育てられた女性の静かな回想によって徐々《じょじょ》に明かされていく、想像を絶するほど悲しくやるせない物語だ。生きるとはなにか、命とはなにかについて、思ってもみない角度から考える機会になるだろう。

『小説以外』

恩田陸
新潮文庫

エッセイが苦手だ、と語る作者によるエッセイ集。本にまつわる話がたくさん収められている。本を愛し、本に救われてきた作者が、どんな本とどのように付き合ってきたのか覗いてみるといいだろう。

『演劇入門 生きることは演じること』

鴻上尚史
集英社新書

タイトルは「演劇入門」でありながら、劇場という枠から飛び出して「演じること」を、つまり「社会のなかで生きること」までも語った一冊。演劇に興味がなくても、たくさんのヒントに出会えるはずだ。

『自分で考える勇気 カント哲学入門』

御子柴善之
岩波ジュニア新書

ずっと昔の哲学者、カントの考えを紹介する入門書。ほんとうのおとなになるために、常識を疑って「自分で考える」ことの勇気を問いかけてくる本、と言ってもいいだろう。哲学はこうした入門書から読むのがオススメだ。

『逆ソクラテス』

伊坂幸太郎　集英社文庫

小学六年生の「僕」が、転校生にある作戦を持ちかけられるところからはじまる、大逆転の物語。逆ソクラテスとはなにか。その意味を知ったときにはもう、ページをめくる手が止まらない痛快な短編小説集だ。

『夢十夜』

夏目漱石　角川文庫（『文鳥・夢十夜・永日小品』収録）

「こんな夢を見た」という印象的な一文からはじまる、全十回の夢物語。現代人の苦悩《くのう》や人間関係のありようを細やかに描く作者にとって、唯一《ゆいいつ》の幻想《げんそう》文学・不条理文学と言ってもいい作品だ。

『ドラゴン桜公式副読本　16歳の教科書』

7人の特別講義プロジェクト&モーニング編集部　講談社＋α文庫

国語、数学、英語、理科、社会など、七人のプロが「なぜ学び、なにを学ぶのか」を語る特別講義。勉強する意味がわからなくなったときには、彼らの声に耳を傾けてみるといいだろう。

『正義と微笑』

太宰治　新潮文庫（『パンドラの匣』収録）

進学と就職のどちらを選ぶか悩む十六歳の主人公。その揺れ動く心情を、日記形式で描いた中高生ぴったりの作品。この小説を契機《けいき》に「カルチベート」ということばを知ったおとなは多いだろう。

『ぼくはイエローでホワイトで、ちょっとブルー』

ブレイディみかこ　新潮文庫

異国の地に渡った母と、異国の地で生まれた息子の物語。困難な状況のなか「自分で考えること」や「ことばにして話し合うこと」の大切さを軽快な文章とともに教えてくれる一冊だ。

古賀史健（こが・ふみたけ）
株式会社バトンズ代表。1973年福岡県生まれ、九州産業大学芸術学部卒。1998年、出版社勤務を経て独立。主な著書に『さみしい夜にはペンを持て』、『取材・執筆・推敲』、『20歳の自分に受けさせたい文章講義』のほか、世界40以上の国と地域、言語で翻訳された『嫌われる勇気』『幸せになる勇気』（岸見一郎共著）や、糸井重里氏の半生を綴った『古賀史健がまとめた糸井重里のこと。』（糸井重里共著）などがあり、『さみしい夜にはペンを持て』は第73回小学館児童出版文化賞最終候補作にノミネートされた。編著書の累計は1800万部を数える。

絵　ならの
1995年生まれ、大阪府在住。幼児教育を専攻した後、台湾で1年間保育士として勤める。その後イラストレーターとして独立。書籍、広告、Web等さまざまな分野のイラスト、アニメーション制作を手掛ける。海や空のもつやさしい青と、子どもの持つ神秘性を描くことが好き。著書に『ならの塗り絵ブック』（グラフィック社）。

装　丁　佐藤亜沙美
DTP　有限会社エヴリ・シンク
校　正　株式会社ぷれす
取材協力　千代田区立麹町中学校　南あゆみ先生、生徒の皆様
協　力　吉野真悟
Special thanks　ご協力いただいたすべての皆様

さみしい夜のページをめくれ
2025年3月18日　第1刷発行
2025年6月20日　第4刷

著　者　古賀史健
絵　ならの
発行者　加藤裕樹
編　集　谷 綾子
発行所　株式会社ポプラ社
〒141-8210　東京都品川区西五反田3-5-8 JR目黒MARCビル12階
一般書ホームページ　www.webasta.jp
印刷・製本　中央精版印刷株式会社

ISBN978-4-591-18566-7 N.D.C.140／351P／19cm

P8008497

ある日ぼくらは屋台の入口に、
こんなメモを見つけた。
「いまのアンタに、どれが光って見える?」
そして屋台のカウンターには、
12枚のカードが並んでいた。
それはヒトデの占い師が
ぼくたちに見せてくれた、
最後の占いだった。

君がなにかしみじみと感じたり、心の底から思ったりしたことを、少しもごまかしてはいけない。

『君たちはどう生きるか』吉野源三郎
（ポプラポケット文庫）

死んでもいい、と思えるほどの何かを、いつかぼくはできるのだろうか。たとえやりとげることはできなくても、そんな何かを見つけたいとぼくは思った。そうでなくちゃ、なんのために生きてるんだ。

『夏の庭』湯本香樹実（新潮文庫）

「ほとんどの人は、世界を恐ろしい場所だと思っています。そして、そう思うことによって、世界は本当に恐ろしい場所に変わってしまうのです」

『アルケミスト　夢を旅した少年』
パウロ・コエーリョ作／山川紘矢＋山川亜希子訳
（角川文庫）

友だちのことを忘れるのは寂しい。誰にでも友だちがいるわけではない。もしもぼくが彼のことを忘れたら、ぼくもまた数字にしか興味のないただの大人になってしまうだろう。

『星の王子さま』
サンテグジュペリ作／池澤夏樹訳
（集英社文庫）

好いてくれる人はなく、そもそもが、自分で自分をあまり好いてはいなかった。いまはちがう。自分が好きだ。

『穴』ルイス・サッカー作／幸田敦子訳
（講談社文庫）

構わないでもらえることが、一番楽で、嬉しい。だけど、この先もずっとこうなのかを考えると、体がものすごく重たくなる。

『かがみの孤城 上』辻村深月
（ポプラ文庫）

「どんな本もそうだけど、書物そのものに力があるというよりは、あなたがそういう読み方をしたっていう、そこに価値があるんだよ」

『お探し物は図書室まで』青山美智子
（ポプラ文庫）

夏のはじめのある日、ブラフマンが僕の元にやってきた。朝日はまだ弱々しく、オリーブ林の向こうの空には沈みきらない月が残っているような時刻で、僕以外に目を覚ました者は誰もいなかった。

『ブラフマンの埋葬』小川洋子
（講談社文庫）

何かが終わる。みんな終わる。頭の中で、ぐるぐるいろんな場面がいっぱい回っているが、混乱して言葉にならない。だけど、と貴子は呟く。何かの終わりは、いつだって何かの始まりなのだ。

『夜のピクニック』恩田陸（新潮文庫）

でも、ぼくはぼくで、君は君だ。君を励ましたり支えたりするものは、君自身の中にしかない。

『きよしこ』重松清（新潮文庫）

正しい言葉を話す人は正しい人だし、くだらない言葉を話す人はくだらない人だ。その人が話すその言葉によって、君はその人を判断するだろう。

『14歳の君へ』池田晶子
（毎日新聞社）

「本って閉じてあるとき、中で何が起こっているのだろうな?」バスチアンはふとつぶやいた。「そりゃ、紙の上に文字が印刷してあるだけだけど—きっと何かがそこで起こっているはずだ」

『はてしない物語 上』ミヒャエル・エンデ作
上田真而子・佐藤真理子訳（岩波少年文庫）

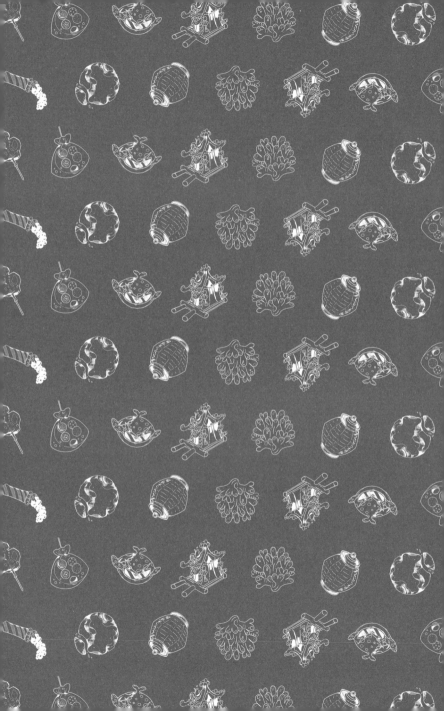